改訂新版 世界一素敵な学校

サドベリー・バレー物語

ダニエル・グリーンバーグ 著
大沼 安史 訳

緑風出版

本書は、1996年、一光社から『「超」学校』のタイトルで刊行され、その後絶版となったため、新たに「日本語新版への序文」と「アフターワード」を増補し、改訂を加えて刊行するものである。

FREE AT LAST
by Daniel Greenberg

Japanese Translation right arranged with
Sudbury Valley School in Massachusetts, U.S.A.
through Links Academy in Tokyo

21世紀の学校をつくる
～日本語新版への序文

ダニエル・グリーンバーグ

教育を語る言葉はみな、わたしたちのなかに居座ってしまった既成の考えに縛り付けられています。だから、わたしたちは、サドベリー・バレー校について書いたり話したりするたびに、この結びつきを断とうと努力しなければなりません。ところが、これがとても難しいことなのです。

混在する二つの教育観

わたしたちが持つ教育観のなかには、ほんとうは分けて考えるべき二つの考えが混在しています。そのひとつは、子どもというものは、帰属するコミュニティーを、意味ある全体として維持する、大人に育っていかねばならない、という考えです。

この第一の教育観にもとづき、わたしたちは、自分の帰属するコミュニティーにおいて生産的であるために、大人になるため身につけるべきことを探りあてようとするわけです。

この生存と持続は、なにも人間に限ったことではなく、あらゆる生物種に共通する問題です。ある生物の種が存続するには、生まれてきた者は立派な成体に成長する道を、自ら探し出さねばなりません。

この点から、興味深い真実が導き出されます。わたしたちの知る限り、生物の種はみな、「学校」なるものを持っていません。動物たちには、子育てについて抽象的な思考をする能力さえない。そうでありながら、膨大な数の種が存続している。子は育って、ちゃんとした成体になっている。これはどういうことなのでしょう?

ここに、残念ながらわたしたちがほとんど注意を払おうとしない、基本的かつシンプルな問題があるのです。

すなわち、多種多様な生物種の子はどうやって、種の持続《サバイバル》を可能とするかたちで成体(大人)への移行に成功しているのか、という問題です。

この問いに対する答えはひとつしかありません。

それは自然が、あらゆる生物種のあらゆる個体に対し、それが有効な成体になるのに必要な道具《ツール》を与えているからです。

生物種の若い個体は、必要な諸能力を生まれつき身につけていなければなりません。若い動物たちもそうです。

成体になるのに必要な道具を持っていなければならない。それは進化のなかで遺伝的に組み込まれた、自ら必要なスキルを学んでいく潜在的な能力のことです。

このシンプルな事実は人間にもまた、当てはまるはずです。子どもはみな、立派な大人に成長していく、道具とスキルと能力を持って生まれて来るはずです。さもなければ、人類はとうの昔に滅んでいたことでしょう。

〈教授〉という教育観

わたしたちの教育のコンセプトにまつわる二番目の先入観は、〈教授《ペダゴジー》〉という考えです。この〈教授〉という考え方は、古代ギリシャで形成されました。

大人たちが、子どもたちに学んでほしいものはこれだと、あるものを特定したとき、〈教授〉は生まれます。

それは、子どもたちが学びたいと思うものと、ほとんど関係しません。〈教授〉は逆に、大人たちが子どもに学ばせたいと決めた、特定の知識に関わるものです。

そしてその知識はふつう、生存《サバイバル》のためのスキルに関するものではない。なぜなら、生存のためのスキルの必要性は、子どもたちが生来、身につけている固有の欲求《ドライブ》で満たされているからです。

ギリシャの〈教授〉は各地の都市国家に設けられた、特権層の若い男性（女性ではなく！）のための、さまざまな小規模学校で実践されました。そうした学校では、美しき哲学の諸概念（ソクラテスやプラトン、アリストテレスによって考え出された）が、学識ある教師によって、上層階級の子弟らに、講義や討論を通じて伝達されていたのです。

それらの学校は、一千年にわたって、形を変えながら続き、いまから千五百年ほど前、ローマ帝国の分解とともに、静かに消え去りました。

その遺産はしかし、イスラム世界に引き継がれます。イスラムの学者にとってギリシャ哲学は喜びであり、彼ら特権層のための学校のカリキュラムの中に採り入れられました。そうして生き残ったギリシャ哲学が、中世後期に、アラブ世界からキリスト教的ヨーロッパに入ったわけです。

わたしがこんなふうに過去を振り返っているのは、歴史的な視野のなかでものを見るためです。ギリシャ哲学のさまざまな分野（科学、数学、文学批評、論理学、その他いろいろ）は、実際のところ、はるかな歴史の流れのなかでは限られた線分しか持たない、特殊化された科目に過ぎません。人類の長い歴史のほとんどを、世界はそれなしで、ちゃんとやって来ました。

ひとつ、予言してみましょうか。いまから五百年後に、アリストテレスを読む者はひとりもいないはずだって！

わたしの言う通りにはならないと、誰が断言できるでしょう。

以上、見たように、近代から現代に至る教育の流れは、生来の欲求と教授から生まれた、ふたつの考えが完全に混じりあったものなのです。

〈近代〉以前の子どもたち

さて、いまから百七十五年ほど前に出現したばかりの近代の学校が、子どもたちを呑み尽くしてしまう前、子どもたちはどんなふうに育っていたのでしょうか？

子どもたちはただ、自分のコミュニティーに住んでいただけです。そして年長の子どもたちや大人を見て学んでいました。自分が観察したことを実際に自分でしてみて、学んでいました。

それだけではありません。子どもたちは、ほんものの《リアルな》人間として、まだ小さいうちから扱われていました。責任をとれる年齢になれば、責任を持たされた。四歳の子どもは水汲みをしなければならなかったし、六歳の子は羊の群れを何日も野原に連れ出さなければならなかった。つまり、何かができるとわかったとき、子どもたちはコミュニティーの実働メンバーになったわけです。

それはたとえば、こういうことです。六歳の男の子が羊の群れを連れて野原に出かけたとします。狼が来て、一匹の羊を食べてしまいました。そんなとき、大人たちは「いいよ、気にしなくても。君はまだ、小さな子どもなんだから」とは言わなかった。

その代わりに、こう言ったはずです。「どうしてそうなったんだ？　いいか、もう二度と、こんなことが起きないように、経験から学ばなくちゃいけないよ」と。

つまり大人たちは、六歳の男子を一人の成員として扱っていたのです。

これは婦人にも、少女たちにも当てはまります。少女が衣類を洗うときは、きれいに洗わなければなりません。きれいに洗えなかったとき、「あなたはまだ、小さな女の子だから、きれいに洗えないわよね。こんど私たちが洗ってあげる」とは言ってもらえませんでした。「ちゃんと、きれいに洗って」。それだけです。

子どもたちの内なる自然

こういうやり方でなぜうまく行っていたのか？　それは、子どもたちの内なる自然が、大人の仕事をしたがっていたからです。

彼・女らは大人になりたがっていた。大人として、成長した人間として扱われたかったのです。こういうことがなかったなら、人類などとっくに死に絶えていたことでしょう。

六歳の子は、立派な羊飼いになりたかった。そのためにはどうしたらいいか、学ぼうとした。それが自分の属するコミュニティーの、一人前の大人になることだったからです。

若者は思春期を迎えたら、戦士になりました。少女は結婚し、すぐ子どもを産んだのです。

あの「ロミオとジュリエット」の劇で、ジュリエットはわずか十三歳でした! シェークスピアの時代の英国の観客にとって、十三歳の少女が真剣な恋に陥ることは常軌を外れたことではなかったのです。

でも、いまわたしたちが十三歳同士のカップルを見たらどう思うでしょう。「初心《うぶ》な恋愛だな」なんて考えることでしょう。

しかし、当時は大人の視野のなかで、子どもたちは常に、人《ピープル》と見なされていたのです。

これに対して〈教授〉は、一握りの特権層のため、人びとがそれを適当と思う特別の科目のために維持されたものです。

この点についてアリストテレスは、はっきりこう言っています。わたしたちがいう「文化」とは余暇の産物である、と。

余暇を持つ人びとは――つまり特権層のことですが――、わたしたちのいう「文化的追求」を楽しめるだけの時間を持つ人びとだったわけです。

産業革命と〈教授〉

それでは、こうした〈教授〉が〈自然な子どもの成長〉のなかに、どんなふうに混じり込んで行ったのでしょう?

このことを考えるには、産業革命に目を向けなければなりません。社会を根本から変えてしまった、あの産業革命に。

歴史的に言うと、まさに突然、それまで特権層のみが持つことができた物品を、万人のため、機械《マシーン》がつくり始めたのです。

何枚もの衣類を持てるようになりました。食べ物に飢える人も減りました。よりましな住居にも住めるようになりました。家具もお皿も刃物も、その他、さまざま品物も。生活の質を向上させる、膨大な数の新製品がつくられるようになったのです。

産業革命は、ある〈可能性《ポシビリティー》〉を生み出しました。もちろん、それは一夜にして生まれたものではありません。しかしそれは、〈万人《エブリバディー》〉が物質的により恵まれ、よりいいものを食べ、より快適に、より健康になれる現実的な可能性をもたらしたのです。それは新しい時代の希望でした。

しかし、問題がひとつありました。産業革命期の機械は、原始的なものでした。〈人びと《ピープル》〉は、機械にがっちり組み入れられ、その部分でしかありませんでした。組み立ての工程には、人間が張り付いていなければなりませんでした。個々の機械は、限られた仕事しかできなかったからです。機械は万人が望むあらゆるものをつくってくれましたが、そばにたくさんの人が張り付いていなければなりませんでした。

でも、いまは違います。たとえば、自動車工場をつくるとして、どれだけ多くの人びとが工場にいる必要があるでしょうか? ほんの一握りの数で十分です。それも、工場を動かすコンピューターの要員として必要なだけです。組み立ての工程には、人がいるとしても稀なことです。五十年前の同規模の自動車工場では、おそらく数千人の人びとが二十四時間体制で交代勤務していたはずです。

産業革命の出現はしかし、社会に深刻な問題を投げかけました。機械の一部として働きたいと思う人は、ほんとうのところ、誰もいなかったのです。誰もがみんな、花開く産業経済の恩恵に預かることができるよう、どうやったら数百万の人びとに自らすすんで機械の一部になってもらえるのか？解決策は、〈教授《ペダゴジー》〉の領域に横たわっていました。

自由な精神の破壊と「3つのR」

〈教育《エデュケーション》〉が、子どもたちのコントロールのため、動員されねばならなかったのです。一握りの特権層の子どもではなく、平民の子どもたちを大量に教育し、コントロールしなければならなかった。産業革命以前の時期に、子どもが成長するのに必要とされたスキルとはまったく無縁の、行動様式や初歩的技能を教え込むために、〈教育〉が動員されたのです。

そうした新しい技能の中心には、まったくもって不自然《アンナチュラル》なものが据えられました。自動人間《ヒューマン・オートマトン》としての機能になりきることができるスキルがそれです。土台、無理な注文なのに、それをやろうとしたのです。

これをやりきるには、ふたつのことをしなければなりません。

ひとつは、子どもたちの自由な精神《フリー・スピリット》を破壊することです。

一箇所にじっと座っていたい、並んでいたい、言われた通りのことをいつもしていたいと、思い込ませなければなりません。駆けっこをするなど、もう許されません。もはや自由はないのです。したいことをしてはならない。好奇心の導くままに学ぶなんて、許されない。ただただ、厳しい規律を受け容れていればいい。誰もが同じことを、いつも必ずしている。適応しなければ、罰せられるのです。

ふたつ目は、子どもたちにある特殊なスキルを教え込むことです。その特殊なスキルは、「三つのR（基礎学力、読み・書き・算数）」と呼ばれるようになりました。

子どもたちには、読む《リード》ことを教え込まねばなりません。指示を読めるようにならなければならないからです。

書く《ライト》ことも教え込まねばなりません。文書づくりができるようにならないと、いけないからです。算数《アリスマティク》も教え込まねばなりません。重さとか長さとかに慣れさせるためです。そうすれば、産業経済が求める標準的な帳簿付けができるようになる。

つまり「三つのR」とは、三つの産業スキルであるわけです。そしてそれは、〈教授《ペダゴジカル》カリキュラム〉の核心を形成するものになりました。

それは産業革命以前の人間の生存、あるいは人生とは無縁のものです。その昔、誰が数学を必要としたのでしょう？　読み書きを、誰が必要としたか？

歴史を振り返ると、ほとんどの人が読み書きできませんでした。王や将軍さえもそうでした。一握りの専門家がいて、他の人びとのために、読み書きをしてあげていたのです。それが産業革命でもって、すべて変化しました。

強制教育の出現

この変容は、実にすばやいものでした。たとえば西暦一八〇〇年当時、強制教育《コンパルソリー・エデュケーション》は世界のどこにも存在しませんでした。大きな学校もありませんでした。それは、それ以前の数百年間と同じ状態です。

それが、わずか百年後の一九〇〇年になると、あらゆる先進国が強制教育を制度化していた！　それほどの短期間に、子どもたちはみな〈教授〉に従属しなければならなくなってしまった！

突如として、教師や学者《アカデミシャン》が社会にとって重要な人物になりました。それまでは、誰も敬意を払わなかったのに、重要人物になってしまった。浮世離れした世間知らず、と小ばかにされていたのが、突然、変わってしまった。なにしろ今や彼らは、社会が求めるスキルを教える人たちなのですから。

学者たちはひとつの結社《クラブ》です。そしてすべての結社と同様、彼らは権力《パワー》を好みます。政治家もそう。権力が大好き。それはビジネスのリーダーたちも、組合の指導者も同じこと。どんな集団も権力が好きです。学者もその通りです。

学者たちがふりかざす権力は、教師としての彼らの役割と直接的に関係します。彼らの権力は、あらゆる〈教授〉の源泉にあるものです。

たとえば私が歴史学の教授だとします。そんな私が権力を持つにはどうしたらいいか？　かんたんです。歴史を知ることはあらゆる子どもたちにとって、非常に重要であると結論づけてしまえばいいのです。それは、読み書き算数が大事なことと同じだと。

たしかに、機械を動かすのに歴史を知る必要はありません。しかしいったん学校で教えることになってしまったら最後、子どもたちには歴史を教えなければならない、ということになるのです。そして、歴史を学ぶことは社会の良き構成員になることにつながる、といった理屈を考え出すわけです。

これはたとえば、生物学でも言語教育でも同じです。これらはみな、産業社会期の組立工たちの仕事の効率にとって何の重要性もないことです。でもわたしたちは、重要なことにしてしまった。

実際、わたしたちはカリキュラムなるものを手にしてしまうと、どんどん新しいものを付け加えて行き、そのすべてが学校で行われるよう、政府及び民間セクターのなかに、途方もない教育官僚機構を根付かせてしまいました。

いまや、おびただしい数の人びとが学習のコースをデザインし、教科書を書き、テストを実施しています。この〈教育《エデュケーション》＝産業複合体《インダストリアル・コンプレックス》〉には現在、実に軍事を上回る数の人びとが動員されています。

おかげで一般の人びとは、〈教授《ペダゴジー》〉こそ、この世で最も大事なことだと思うようになりました。望まれもせず、必要でもなく、もはや機械に対しても貢献しないことを、子どもたちに教え込むことが！

つまり、わたしたちは今日においてもなお、子どもたちの意志を挫《くじ》いているのです。子どもたちをロボット化し、機械のように扱い、頼まれもしない、必要でもないカリキュラムをどんどん積み上げています。それもこれも、いまから百七十五年ほど前に起きた産業革命によるものなのです。

情報の時代の教育

教育者だけがまだ、わかっていないようです。産業《インダストリアル》の時代《エイジ》はすでに死んでいるのです。代わって、情報《インフォメーション》の時代《エイジ》が到来していることを。

今日、全世界はひとつの村となりました。世界中の子どもたちが、インターネット、コンピューターを通じ、地球上のほとんど全ての情報にアクセスできるようになりました。

現代の子どもたちもまた、人類の夜明け以来、子どもたちが持ち続けて来た好奇心に溢れています。大人になりたいという、同じ意志を持っています。自分もまた成功したいという、同じ意欲を持っているのです。

ひとつだけ、これまでと違っていることがあります。それは、現代の子どもたちは、何時でも何処でも、自分が望むとき、自分のイニシアチブで、自分の住む小さな世界を超えて、世界中の人びと《ピープル》を観察できるということです。

自分と同じ関心を持つ友だちを世界中から見つけ出すことができる。自分が関心を持つ情報を世界中から集めることができる。自分が学びたいと思うことの理解を助けてもらえる援助者、教師を、世界中から見つけることができるのです。

サドベリー・バレー校が、ラジカルな教育革命の学校でないことはもうお分かりのことでしょう。わたしたちは実は非常に保守的な学校なのです。

サドベリー・バレーはただ、子どもたちがリアルな人びと《ピープル》として扱われ、望み通りの責任をあてがわれ、そしてその責任を取ることができる、昔の日々に立ち返ろうというところです。

サドベリー・バレーは、子どもたちを人間としてもてなし、自分自身の関心を追求してもらうところです。かつては地元の村で行われていたことを、グローバルな規模で、「地球村」のなかで行おうというものなのです。

サドベリー・バレーの子どもたちは、カリキュラム設計者が重要であると決めた、一握りの学科ではなく、関心のあるすべての物事にアクセスしています。

実際のところ、最早、何が重要か、あらかじめ知ることは不可能な時代になっています。無数の新しいものが、常時、出現しています。新しい仕事、新しい考え、新しい発明、新しい概念、新しい分野。

昔ながらの学校は、これが必要だ、あれもそうだ、と言い続けています。それがいかに愚かしいことか、今の子どもたちは知っているのです。

子どもたちのほとんどはいま、学校など意味がないとも考えています。学校の中より、学校の外で、より多くのことを学んでいます。

自然は子どもたちに可能性を与えています。生存するために、ほんとうに重要なものは何なのか、発見できるよう、子どもたちを初期設定しています。そして、子どもたち自身がほんとうに重要なものを発見していく。そういう機会が与えられなければなりません。

そこに、二一世紀における学校の目標があります。

一八六二年

「学習に対する学校の不干渉とは何か？（それは）生徒たちに、教えを受ける完全な自由を与えることだ。生徒たちの必要に応える教えを、彼らが欲するかぎりにおいて与えることである。それは彼らにとって不必要な学習を強制することではない」

「わたしは、いま議論をしているような学校が、あと一世紀は生まれて来ないと思っている。いまから百年後に、生徒の選択の自由に基づく学校が生まれることはなさそうだ」

——トルストイ『教育と文化』より

一九六八年

「この学校の目的は、学習が自己の動機、自己管理、自己批判によって最善のかたちでもたらされるとの原則に基づき、コミュニティーとしての教育環境を創設、維持するものである」

——サドベリー・バレー校の規則より

世界一素敵な学校【改訂新版】・目次

21世紀の学校をつくる～日本語新版への序文　**ダニエル・グリーンバーグ・**3
混在する二つの教育観・3／〈教授〉という教育観・5／〈近代〉以前の子どもたち・6／子どもたちの内なる自然・7／産業革命と〈教授〉・8／自由な精神の破壊と「3つのR」・10／強制教育の出現・12／情報の時代の教育・14

序　文・22

サドベリー・バレー（谷）へ、ようこそ――訳者による、かなり個人的な道案内・32

はしがきに代えて――「受験勉強」は無用・37

第一部　お勉強？……41
1　算数・42
2　クラス・47
3　ひたむき・52
4　弟子入り・57

5 リーディング（読み）・63
6 釣り・69
7 動物伝説・74
8 化学・79
9 廃品回収・83
10 ビジネス事始め・89
11 熱狂、そして流行・95
12 学校コーポレーション・99
13 銀行口座・104
14 クッキング・107
15 年齢ミックス・112
16 遊び・119
17 ライブラリー・124
18 時の流れに・130
19 学び・135
20 評価・141
21 避雷針・146

第二部　学校生活……151

22 全校集会・152
23 危険がいっぱい・158
24 信頼のシステム・163
25 スポーツ・シーン・168
26 キャンプ・173
27 係と委員会・179
28 清掃・184
29 奇跡の予算・190
30 スタッフ・196
31 小さな子どもたち・206
32 「良い子」と「悪い子」・211
33 父母・219
34 参観者・223
35 自由と正義・230
36 核心にあるもの・241

美しい子ども期は、美しい人生の出発点になるか？　ミムジー・サドゥスキー
学校体験と人生　サドベリー・バレーの卒業生たち——日本語新版へのアフターワード・247
仕事を積極的に探求・249／時間をコントロールする・250／情熱、そして共感・253／困難への挑戦・255／大学進学の真実・257／寄り道・近道・回り道・259／人生をエンジョイ・263／手にした自由の美しさ・265／守るべき価値・268／世界に自分の刻印を残す・270／人を助ける・272／人生の幸せ・273／コミュニケーションの力・275／柔軟さと忍耐・278／人生の美としての変化・280／対等な個人として・284／時間を無駄に流さない・286／運命をコントロール・287／深い幸せを求めて・288
あとがき——プディングは卒業生の味・292
日本語新版への訳者あとがき・297
「改訂新版」訳者あとがき——サドベリー・バレー　開校50年に寄せて・302

序文

物思う教育者はみな、はるか昔から、「教育」という仕事につきまとう、ある根本的な問題と格闘してきました。教える、または学ぶ、その最良の道とは何か。子どもたちは一体、何を学んだらいいのか。その場合、子どもたちにどの程度、責任をもたせるべきか。あるいは、どれほど子どもたちの主張を認めるべきか。そしてまた、そもそもデモクラシーの社会にあって、学校はいかに運営されるべきか……。

こうした問題は、多くのひとびとにとって、現実離れした理論的な領域の問題でしかありません。わたしたちは、ある教育システムを当然のこととして遺産相続し受け入れてしまっているので、自分たちの生きる現実世界において、あれこれ自由に想像をめぐらすことができないのです。もちろん、わたしたちが引き継いで今、手にしているベストなものは保全すべきでしょう。せっかく存在する秩序ですから、安易に危機に陥れるような真似はすべきでありません。

しかしながら時折、伝統の禁止から離れた一群のひとびとが、これらの問題に疑問を投げかけて来ました。そして、まわりからジロジロ見られる状況のなかで、ラジカルな新しい答えを提起して来たのです。そうした実験は、常識として受け容れられた教条に対し、まるで違ったフレッシュな視線を投げかけ、新しい取り組みを手助けするうえでとりわけ価値あることでした。

一九六八年、あるユニークな実験校が、マサチューセッツ州のフラミンガムに誕生しました。サドベリー・バレー校（Sudbury Valley School）。

四歳から十九歳までの子どもたちを受け入れている学校です。そこでは、幾多の非常に革新的な実践が、パイオニア的に続けられてきました。そして、それは今や、広汎な承認を得るに至っています。世間から一〇〇％完璧に認められた、過去に例のない最初の学校なのです。

サドベリー・バレー校の最も興味深い点のひとつは、「学習」に対する態度です。

この学校はいまから二千年以上前、古代ギリシャの哲学者、アリストテレスがその著『形而上学』の書き出しで述べたある前提、つまり「人間とは生まれつき好奇心を持つものである」を土台として出発しています。この言葉は、人間とはその生の固有の一部として、常に学んでいく存在である、との意味合いを含んでいます。

それはまた、自分に備わったナチュラルな傾向に従い、自分のしたいことを毎日欠かさず続けることで、子どもたちは学んでいく——ということでもあります。

この学校に入るやいなや、年齢に関係なく、子どもたちは自分自身の主人公となるのです。自分自身に責任を持たされるです。誰のものでもない自分の人生のコースを左右する決断を自分で下していくのです。

スタッフがいて、自然に恵まれたこの学校は、学習のソース（源泉）を提供します。その扉は、求められたとき必ず開きます。しかし、求められなければじっと待っている。

サドベリー・バレー校の教育哲学、信念は、いたってシンプルです。

即ち、子どもたちは、人間性の本質である生来の好奇心に衝き動かされることで、自分を取り巻く世界に分け入り、それを我がものとしていく途方もないエクササイズを続ける努力家である、と。

では、この学校で、何が現実として生起しているのか？――。

もちろん、いわゆるベーシック（基礎学力）といわれるものを、この学校の子どもたちも学んでいます。ただし、自分のペースで、自分の時間に、自分のやり方で。

五歳で読みはじめる子もいます。十歳で読みだす子も。教師や友だちから聞いてベストに学ぶ子もいるし、自力で学ぶのが一番、という子もいます。この学校ではいつも、大きな子も小さな子も、年齢を超えて一緒に学んでいるのです。

語り合い、遊び合い、育っていく。彼・女らは成長するにつれ、自己とは何かというアイデンティティー意識を強め、将来的な目標を設定していきます。

この学校を去ったあと、彼・女らは多彩な活動を続行します。専門職あり、ビジネスあり……。もちろん、全米各地の大学へも進学します。これらの全てが、この学校の教育環境から生まれているのです。

ここでは、子どもたち自身が、自分のなすべきこと、進むべき道を決定する審判員なのです。

サドベリー・バレー校のもうひとつの素敵な革新性は、その組織構造の中に見ることが出来ます。

この学校は純然たるデモクラシーによって運営されています。子どもたちとスタッフの一人ひとりが、それぞれ一票の権利を行使する、全校集会（スクール・ミーティング）によって統治されている。デモクラシーの組織構造で、学校生活の全てが動いているのです。そこに例外はありません。校則、予算、学校運営、採用・解雇、そして規律も。

おかげで、学校の運営はスムーズです。だれもがそこに参加しているからです。バンダリズム（学校破壊）もなければ、落書きもありません。代わりに、ほかの学校からは消えてなくなってしまった開放性と信頼があります。

この学校は政府・行政機関、財団の援助なしに機能しています。財源は公立学校経費の約半分、ふつうの私立学校の学費を大きく下回る授業料のみです。


サドベリー・バレー校を理解してもらう最もかんたんな方法は、たぶん、この教育の場でわたしたちが何を目指し、そのためにどうして来たかを説明することでしょう。

わたしたちはここで、さまざまな事柄を追求して来ましたが、やがてそれらは、ある単一の統一された全体の中に組み込まれ得ることに気づいたのです。

「学び」と「教え」についていえば、自分で学びたいことだけを自分で学んでいけるようにしたかったのです。自分自身のイニシアチブで、勉強したいと思ったことを自分で積極的に学んでもらう。ハードな勉強にも取り組んでもらう。教材であれ、書籍であれ、あるいは教師であれ、完全な自由意志で、子どもたちに選んで欲しかったのです。

人生のなかで意味を持ってくる学習とは、甘言、または褒美、あるいは圧力のないところで、学び手が自分で選んだ対象のなかに自己を投企するとき、はじめて成立する種類のものと、わたしたちは考えたのです。

そして、こうも確信しました。意欲と決心と一貫性のある生徒を得たとき、教師ははじめて比類なき達成感に浸ることができる、と。正直言ってわたしたちは、そういう環境ができれば、それは子どもたちにとっても教師にとっても、パラダイスになるに違いないと考えていたのです。

そういう自分たち自身の考えに誠実であるために、わたしたちは「カリキュラム」、あるいは「学校」が考案した「プログラム」なるものから離脱を図らねばなりませんでした。前へ進もうとする力はすべて、子どもたちから発せられたものでなければなりませんし、学校はただその意欲に応えるだけでいいのです。個々の子どもの諸活動の全責任は、その子どもとともにあるべきで、権威的なポジションにいる第三者とともにあるのではないのです。

わたしたちがこれまで、必修科目の学習というものを、あらゆる水準において設定して来なかったのはこのためです。だれでも、学校で援助されさえすれば、自分の人生の中の希望の場所に行き着くため、必要なものを見つけ出すことができるのです。

これは、わたしたちが子どもたちの中に育みたいと願う、基本的な性向と密接に関係することでした。何よりも、「責任」ということの完全な意味を子どもたちに体験してもらいたかったのです。責任を持った人間になるというのはどういうことなのか、子どもたちに知ってもらいたかった。本や講義、あるいは説教だけに頼るのではなく、毎日の経験のなかで身につけてほしかったのです。

自分のボールは自分で運んでいかなければならないのです。それが自己責任です。本人が、本人のみが、自分について決断をしなければならないのです。そして、自分の決断とともに生きていく。それは、ほかの人間が代わって考えることではありません。自分の行為の結末は自分が引き受けるべきです。うまくいかなかったからといって、他人に守ってもらって済むことではありません。自立し、自分で方向づけする人間になりたいなら、自分の運命の主になりたいのなら、これは譲ってはならない基本線です。

個々人の自己責任はまた、人間の基本的な平等を前提とします。権威はどんなものであれ、あらゆる当事者の自由意志にもとづく同意に依らねばなりません。これは別に新しい考え方ではありません。わたしたちの国アメリカは、この原則の上に建国されたのですから。わたしたちは、この原則を日々の行動の指針としているだけのことです。

責任ある個人という考えのなかには、いろいろなコンセプトが含まれています。そしてそれは全て、自由で自立した人間になる術を学ぶことと結びついています。

わたしたちが思い描いていた「学校」は、こうした考えに根ざすものだったのです。だから、完全な自己責任（リスポンスィビリティー）と、相手に対する完全な責任（アカウンタビリティー）以外の何ものも、わたしたちを満足させはしませんでした。

自分で責任を引き受け、自分で物事を進めていく場合、ミスはつきものです。しかし、それは「自分のミス」であり、そうと知れば誤りから学ぶことができるのです。健全な人間とは、成功だけでなく失敗からも常に何事かを得ようとしている人たちなのです。

だから、自分のしたいことに挑戦することは、よいことなのです。うまくいくと確信していようといまいと関係ありません。そうすることによって、予期せぬ挑戦を受けて立ったり、思いがけないチャンスを自分から摑んでいく心の準備ができるのです。

わたしたちが育みたいと願った、このような基本的な姿勢は、この学校の隅々まで行き渡る、ある全体的な雰囲気の一部に過ぎません。何よりもまず、わたしたちは開放的で正直で、信頼にあふれた、恐怖の存在しない環境を追い求めたのです。だれ一人として不安を覚えなくて済む学校、すくなくとも開設者であるわたしたちが原因となって子どもたちが怯《おび》えるようなことのない学校の設立――それがわたしたちの目標でした。

権力や権威がもたらす恐怖――これこそが、わたしたちがこの学校から一掃しようとしたものなのです。ただし、人が権威を持つという、そのこと自体を嫌悪したわけではありません。権威それ自身、あるいは権威がもたらすものそれ自体は、善くも悪くもなる。どちらに転ぶかは、ほかの諸々の要素にかかわっています。権威を持った人間が必要な場合もあるでしょう。たとえば、徒弟修行とかビジネスの場合がそうです。

要は、権威をどうコントロールするか、という問題なのです。権力と地位のある人を前にしても、なぜその人がそこにいるかを理解できれば、さらにはまた、その人をその場所に置くことに関与し、その人の行為のすべてを見守ることができれば、なにも恐れることはありません。恣意《しい》的な権威、すなわち、周囲の人々の参画を拒み、そのコントロールを拒否する権威が心配なだけです。

わたしたちは決めたのです。生徒であれ教師であれ、親であろうと訪問者であろうと、だれ一人として、人間の権威を恐れなくてすむような学校をつくろう、と。そうすれば多分、年齢の違いや性差、地位、知識、出自の違いなどお構いなく、だれもが相手の目をストレートに見ることができる、と考えたのです。

わたしたちにとって、物事をマネージしていく最善の道は、デモクラティックな形の自治機構をつくりあげることです。そこで人々は、自立した個人となりうる最大限の活動の幅を手に入れることができるのです。共同行動が必要な場合でも、方針の決定に各個人が最大限、参画できます。

わたしたちが住む、このアメリカ東部・ニューイングランドの地において、これまで三百年以上も続いてきたタウンミーティングのような民衆デモクラシーこそ、頑丈で有効な自治の機構なのです。わたしたちが心に思い描いていた学校とは、このタウンミーティングをモデルにしたものでした。そこでは、置いてきぼりになる人は、だれひとりとしていません。

アメリカは、統治のあらゆる形態がデモクラティックな国です。そういう国にあって、学校をデモクラティックに運営していくことは理に適ったこと、とわたしたちは考えました。最小の町から連邦政府レベルまで、あらゆる機構がデモクラティックなコントロールを受けるようデザインされて来たのです。

学校が何故そうであってならないのか、とわたしたちは自分自身に問いかけました。そして考えれば考えるほど、学校もまた、そうでなければならない、と思うようになったのです。

デモクラティックな学校コミュニティーの大人たちは、自分たちが享受する市民的規準と同じものを、学校生活にも適用できるはずです。子どもたちもまた、民主主義の生活を構成する諸原理、諸実践のなかで育てられるべきでしょう。そうすることによって子どもたちは、成人に達する以前に、責任ある社会的市民性なるものを自然に身につけることが出来るのです。なにしろ、そういう生活を、学校コミュニティーのなかで毎日、経験するわけですから。

この学校でわたしたちが追い求めてきたことの全ては、結局のところ、ある中核的な考えに収斂《しゅうれん》することに、わたしたちは気づきました。そこから自然に、ほかの全てが流れ出る核のようなものがあったのです。

その考えとは、ひとびとが外部からの干渉にさらされず、自分たちの問題を自分たちでマネージしていく学校、自分たちの共同事業、すなわち学校というビジネスをタウンミーティングのようなものを通して動かしていく場所という観念です。実に単純なことだったのです。

そこには、わたしたちが追い求めた学習のアイデアが含まれていました。わたしたちが子どもたちに持ってもらいたかった性向も、そこでは自然と育まれるのです。そこには、わたしたちが求めた雰囲気があり、わたしたちが欲した構造があったのです。

一九六八年に開校にこぎ着けるまで、わたしたちはさんざん言われたものです。やれ夢想家だ、それユートピア的だと。でも、わたしたちの学校は、ひとびとの目の前で現に存在し続けてきたのです。

サドベリー・バレー校が一体どんなところなのか、目に見えるよう説明しろ、ですって？　分かりました。なるべくビジュアルなかたちで描写することにしましょう。

メーンの建物は築後百年以上、地元で切り出した花崗岩で築いた古い邸宅です。芝生、林、茂み、花野が続く一〇エーカーの土地があります。一方の端に、学校の施設用に改造した納屋と馬小屋があり、もう一方の端には、水車を回す水を溜めた池に面して石づくりの水車小屋があります。それと隣接する盛土と石で流れをせき止めた場所には、古い屋根付きの木橋が架かっています。

そうしたキャンパスの周囲には、数百エーカーに及ぶ州立公園が広がっています。自然保護区の外にも、野あり森あり湿地あり、起伏ある丘が続いています。それらが四季折々の植生、色の変化を映し出してくれるのです。

サドベリー・バレー校を一目見て、それが学校であると分かる人はいないと思います。いわゆる学校らしさが、そこにはありません。むしろ、家（ホーム）のように見えることでしょう。人間がいっぱいいて、リラックスした態度でさまざまな活動に従事しているホーム。そこにある設備、そこにいるひとびと、そこにある雰囲気は、ふつうの「学校」を想定してやって来た人の予想を裏切ることでしょう。

訪問者はときに当惑を隠せません。「学校」で見慣れたものを探そうにも、ここではお目に掛かれないのですから。

本書は、みなさんのサドベリー・バレー校との「出会い」をお手伝いするものです。この試みは、開校後、最初の二十年間の中から生まれた経験の枠を提供することでしょう。

本書は、教育哲学・実践の書ではありません。正式な校史でもありません。教育の歴史のなかでもユニークきわまりない、ある実験をめぐるヒューマン・ストーリーなのです。

サドベリー・バレー校出版会

サドベリー・バレー（谷）へ、ようこそ
——訳者による、かなり個人的な道案内

訳者（大沼）が偶然「サドベリー・バレー・スクール」を知ったのは、一九八四年のことです。場所は、米国コロラド州ボールダー。

この年の六月、ボールダーにあるコロラド大学に全米の教育改革派が集まり、教研集会を開きました。当時、勤めていた新聞社を休職し、リサーチ・スカラーとしてミシガン大学に滞在していた私にも集会への参加の打診があり、半ば観光気分で顔を出したのです。

その時のことです。「フリースクール（自由学校）」に関するセッションに出席していた私に、参加者の一人が声を掛けて来ました。ピーター・グレイさんというボストン・カレッジの心理学の先生でした。

自己紹介もそこそこに、開口一番、「ボストンの近くにあるサドベリー・バレーって学校、知ってる？」。

私が「知らない」と答えると、「あなたは是非、知るべきだ」といって、いろいろ説明してくれました。本書の著者、ダニエル・グリーンバーグ氏が、これから本文のなかで物語ることになる「サドベリー・バレー伝説（サドベリー谷の伝説）」のエッセンスを、私に手短に語ってくれたのです。

驚きました。英国にある有名なサマーヒル校をはじめ、世界各地の「フリースクール伝説」には慣れっこのはずの私にも、それは新鮮な驚きだったのです。

そのときのグレイさんの言葉で、いまも耳の奥に残っているものが一つあります。

これぐらいは、本文を待たずに訳者の〝特権〟として紹介させていただきたいのですが、グレイさんはサドベリー・バレー校のことを、こう表現したのです。

その学校は「デモクラティック・スクール（デモクラシーの学校）」である、と。

グレイさんは「フリースクール（自由学校）」とか「オルタナティブ・スクール（新しいタイプの学校）」という言葉ではなく、「デモクラティック・スクール」という耳慣れない言い方をしたのです。学びの自由がデモクラシーによって支えられている学校、すなわち「民主主義の学校」がサドベリー・バレー校である、と。

グレイさんの話をひと通り聞き終えると、こんど私が質問する番です。

「グレイさんは、どうして、そんなに詳しいのですか?」

答えは、こうでした。

詳しいのも当たり前、実はグレイさんは、サドベリー・バレー校にわが子を通わせていたのです。そして研究者として自ら、サドベリー・バレー校の卒業生を追跡調査し、レポートにまとめていたのです。

コロラドの教研集会が終わって、（ミシガン大学のある）アナーバーに戻った私の元へ、しばらくしてグレイさんから七〇頁もある研究レポートのコピーが届きました。帰国の準備を始めていた私は、レポートを流し読みしたあと、教育専門誌の『ファイ・デルタ・カッパン（ＰＤＫ）』に載ったグレイさんのサドベリー・バレーに関する論文のコピーを大学の図書館で取り、他の資料や書籍と一緒に札幌の留守宅宛て、船便で送り出したのです。

それから十一年――。ますます個人的なことになって恐縮ですが、私は長年勤めた新聞社を昨年（一九九五年）七月、定年まで十五年を残して中途退社し、故郷の仙台へＵターンしました。そして、翌年（一九九六年）四月、宮城教育大学の非常勤講師として「オルタナティブ（新しい）教育論」を講義する機会を得たのです。

その講義の準備をしていた二月のある日のことです。

図書館備え付けの米国の日刊紙『ＵＳＡ・ＴＯＤＡＹ』紙のつづりで、たまたま教育関係記事を追っていた私の目に、懐かしい「サドベリー・バレー・スクール」の文字が不意に飛び込んで来たのです。

これまた、ほんの偶然に過ぎないことは、もちろん分かっています。が、私にとってそれは、単なる偶然にしては重みがありすぎる出来事でした。

記事を一読して、私は講義の方針を立てました。文献やビデオで、サドベリー・バレー校の現実の姿をできるだけ詳しく学生たちに紹介し、それを手掛かりに「自由教育」の原理、そして歴史的な背景に迫ってみよう、と。

この翻訳は、そんな偶然の連鎖の果てに生まれたものです。

道案内の最後に、私をいま一度「サドベリー・バレー」に向き合わせてくれた米紙『USA・TODAY』の特集記事（九六年二月七日付）のさわりの部分を紹介することにしましょう。

これを読めば、もうサドベリー・バレー校のドアの前に立ったも同然です。

信頼の肩車

でも、本論はドアを開けてのお楽しみ。くどいようですが、記事の紹介も差し支えない範囲にとどめます。読み終わったら、あとはみなさんが「伝説の扉」を開けるだけです。

たまたま本書を手に取った「偶然」（または「必然」）を信じながら――。

【フラミンガム（マサチューセッツ州）発＝ジョン・ララビー記者】

この学校で目の当たりにする光景

は、ほかの学校の休み時間である。子どもたちは、カードやコンピューター・ゲームをしたり、木登りをしたり。ここサドベリー・バレー・スクールでは、こんな子どもたちの〝活動〟を一日中、見ることが出来る。ボストン郊外のこの私立校は、「クラス」も「教師」も「学年」も何もない。それが、この学校の誇りだ。

▽このサドベリー・バレー・スクール（一九六八年開校）は、「新しい学校」のモデルとなっている。卒業生の大半がトップの大学に進み、職業人としても成功している。

▽この学校の二百人の生徒（四～十九歳）には、安全などに関する規則のほか、ほとんど何の制約も課せられていない。どこに行くのも自由、何をするのも自由だ。

▽この学校は、ひとつの純粋なデモクラシーとして運営されている。子どもたちはスタッフとともに、週に一度の集会で、一票の権利を行使している。

▽サドベリー・バレー・スクールの参観者が驚くのは、子どもたちの関心と集中力の高さだ。コンピューターで「漫画」の本を描いている二人組もいれば、お灸の腕を磨いている子どももいる。

▽この学校の中心的な指導者であるグリーンバーグ氏にとって、自由こそ、子どもたちに責任というものを教える鍵だ。グリーンバーグ氏はまた、「標準カリキュラム」なるものを、思考をコントロールする試みに過ぎないと一蹴する――。

訳者による道案内もここまで。あとはみなさんがページを、めくるだけです。

「サドベリー・バレー」へ、ようこそ――

はしがきに代えて
――「受験勉強」は無用

もう、面接の予約は取れなくなっていました。

すでに十二月。コネティカット州のミドルタウンにあるウェズリアン大学の志願者は、とっくに願書を出し終え、面接インタビューのアレンジを済ませていたのです。時すでに遅し、面接を求める機会は、ほとんど確実に失われていたのです。

そんなことであきらめるリサではありませんでした。毎朝、九時を回ると、ウェズリアンの入試担当部局に電話を入れるのです。そして、毎朝、同じ返事を聞くのです。「(面接の)空きはありません」。リサの声と粘りは、早速、担当部局すべての知るところとなりました。電話のたびにリサは、相手と話を弾ませ、冗談をいい、陳情するのです。そんな状態で一週間、二週間と過ぎて行きました。

締め切りに間に合わせて、どうして出願しなかったの?――と聞かれて、彼女はこう答えます。「願書は出しました」と。「ただし、別の大学だったけど」。

リサは、ほかの大学にはちゃんと手続きを済ませていたのです。ところが、そのあとで「あなたにピッタシじゃない」と、友だちや教師からウェズリアンのことを知らされたのです。

リサはさっそくキャンパスを訪ね、大学関係者と話し合い、友だちの言ったことの正しさを自分で確かめたのです。その時点でウェズリアンは、彼女のために存在するものになってしまいました。こしかないと悟った彼女は、出願の時期が遅れたことなどお構いなしに、彼女の気持ちを大学側に知ってもらおうと決意したのです。

面接の関門は避けて通れません。大学側としては、入学を許可するにもリサに直接会って彼女の目を見つめ、彼女が実際、どういう人間なのか判断しないことには話にならないのです。リサもまた、大学の求めに応じ、エッセイを提出し、ペーパーテストに解答してはいました。しかし、ある一点でリサの出願書類は、他の志願者と決定的に異なっていたのです。

出身校での成績評価がないのです。ですから成績証明もないし、記述式の評定もない。とにかく、その種のものは一切合切、ない。

年が明けて一月八日、リサの電話に対するウェズリアン大学のその日の返事はこうでした。「こんどの火曜日、午前九時、面接に来ていただけますか？　入試担当の責任者が直接、あなたに会いたいそうです」。

やったぁー。「もちろん、行きます。いつだって、何時だって……」。

その日、リサがウェズリアンの面接会場に到着すると、事務所にいた人々の視線が彼女に一斉に注がれました。彼女があの、電話をかけつづけて来た子なのです。絶対、あきらめようとしなかったあの子が……。

事務所の人々はリサを笑顔で迎え、あたたかく歓迎してくれました。入試の責任者もまた、彼女の噂を聞いていました。リサは責任者に呼ばれて、部屋に入って行きました。面接時間は十五分間。控え室では他の志願者たちが自分の面接の順番を待っています。

ところがリサは、予定の十五分が過ぎても部屋から出てきません。三十分経っても……。四十五分が経過……。いったい、何が起きているのでしょう。ついに、一時間が過ぎてしまいました。

ギターが流れる緑のキャンパス

部屋のドアが内側から開いたのは、その時のことです。責任者とリサが楽しそうに笑いながら、一緒に出てくるではありませんか。控室で待つリサの母親のところへやって来た入試の責任者は、こう言いました。

「リサに、この大学に来ていただきたい。お嬢さんにはピッタリのところだと思いますよ」

リサの進学大作戦は成功したのです。サドベリー・バレー校における十二年間のスクーリングが、力強いエッセンスに蒸留され、次の出発への足掛かりを彼女に与えていたのです。間もなく、リサのもとへ正式の合格通知が届きました。それを彼女が受諾したことは言うまでもありません。

　リサばかりではありません。大学に進んだサドベリー・バレー校の卒業生はみな、似通った体験談の持ち主です。全員が合格しました。そのほとんどが、第一志望のところに、です。大学の方から入学を求められた子も多いのです。成績証明も評価も推薦状もなしに。

　そんな紙切れ一枚以上のものを、彼・女らは身につけていたのです。内なる力と、自分に対する知識、そして自分で下した決定を胸に秘めていたのです。彼・女らが出願するたびに、大学の担当者は一様に同じ驚きの声を上げました。

「こういう若者を送り出してくる学校って、いったいどんな学校？　サドベリー・バレー校って、何？」


　本書は、他とはだいぶ異なる「学校」の物語です。

　古くて新しい、ある「学校」の物語。

　これから足を踏み入れる場所は、質朴な個人主義と人間の自由、デモクラシーの苗が育つ現場です。

　古き良きニューイングランドの町の片隅に、アメリカの諸価値の花を咲かせる、サドベリー・バレー校にようこそ。

第一部　お勉強?

木の家からの眺め

1 算数

わたしの前に座っているのは、九歳から十二歳まで十二人の子どもたち。先週、わたしのところに来て、足し算、引き算、掛け算、割り算、算数ならその他なんでも教えてくれと頼んで来た生徒たちです。

「本当はやる気、ないんじゃないの」と、わたしは言いました。彼・女らが最初に話を持ちかけてきたときのことです。

「いや、本気だよ。まちがいなし」とは彼・女らの返事。

「本当は算数なんて好きじゃないんだろう」と、わたしは畳みかけました。

「君たちの家の近所の人や、君たちのお父さん、お母さん、おじさん、おばさんたちは多分、君たちに算数好きになってもらいたいんだろうけど、君たち自身としては遊んだり、違ったことをしていたいんじゃないの？」

「自分が何をしたいか知ってるつもりだよ。算数をマスターしたいんだ。だから、教えてよ。ちゃんと、やってみせる。ホームワーク（宿題）だって全部やる。努力するつもりだから」

わたしは半信半疑のまま、子どもたちの申し出に同意せざるを得ませんでした。ふつうの学校の場合、算数は六年間かけて学ぶものです。おまけに、サドベリー・バレー校の子どもたちはとても移り気、と来ています。が、わたしに選択の余地はありません。子どもたちに強く迫られ、わたしはとうとうコーナーに追い詰められてしまいました。

こうしてわたしは、ある驚きへと導かれて行ったのです。

最大の問題は、学習のガイドとして使うテキストでした。新しい算数教授法「ニュー・マス」によるテキストは、わたし自身かつて、その開発に参画したものです。開発に携わりながら、すでにそのとき、わたしは「ニュー・マス」嫌いになっていました。

振り返れば、ケネディ大統領の時代、つまり旧ソ連が世界のトップを切って人工衛星スプートニクの打ち上げに成功した頃、駆け出しの研究者になったわたしたちの世代は、「ニュー・マス」に疑いを持ちませんでした。集合論、整数論など、数学者たちがゲームとして楽しんできたエキゾチックな理論で頭がいっぱいだったのです。

たとえて言えば、もしわたしたちが当時、農家のための農業のコースをデザインしなければならなかったとしたら、やれ有機化学がどうの、それ遺伝子学、微生物学がどうのと、頭でっかちなことをやらかしていたはずです。農家がそんなことをさせられていたら、飢えに苦しむ世界のひとびとはさらに不幸になっていたことでしょう。

わたしが「ニュー・マス」嫌いになったのは、その持って回った難解さのせいです。百人に一人の数学の教師も、千人に一人の生徒も、「ニュー・マス」を理解できなかったはずです。

必要なのは、計算のための算術なのです。ひとびとは、算術という道具《ツール》の使い方を覚えたいと願っている。わたしの生徒たちが教えてくれと言って来たのは、まさにそれなのです。

そのためにぴったりのテキストを、わたしはサドベリー・バレー校の本棚から探し出しました。一八九八年に書かれた数学の入門書です。小型で部厚いその教科書は、練習問題でいっぱい。基礎的な問題を正確に、素速くこなせるようにするテキストだったのです。

こうして、わたしたちの算数のクラスは、とうとう始まりました。それも時間通りに――。「時間を守ること」――これも、わたしが子どもたちと交わした「協定」のなかに含まれていたのです。

「君たち、算数を本気で学びたいそうだけど、たしかに本気なんだろうね」。クラスを始める前、わたしは彼・女らに、こう言いました。「だったら、時間通り集まってもらわないと困る。午前十一時ちょうど、毎週火曜日と木曜日。もし、五分でも遅れてきたら、その日の授業はやめにする。それが二回続いたら、クラスはそれでおしまいだ」。

子どもたちは目を輝かせて、こう答えました。「ちゃんと約束するよ。じゃ、これで協定成立だね」。

足し算の基礎は、二クラス（授業）で終えました。子どもたちは足すことならなんでもできるようになったのです。練習問題を何十問とこなしました。次の引き算も二クラスで完了です。一クラス、つまり一回の授業で終えてしまうこともできたのですが、「借りてきてから引く」というところで、若干の補足説明が必要になったのです。

さて、いよいよ掛け算の九九。全員で暗記です。クイズで覚え、問題を解いていきます。子どもたちは皆、意気軒昂。帆に風をいっぱい受けて、必要なあらゆるテクニックと計算術をマスターしながら進んでいきます。おそらく、学んだことが骨の髄までしみ込んでいるのでしょう。

エクササイズにクイズ、口頭試問を繰り返し、頭にたたき込みます。そんなハードな授業なのに、途中で放り出す子はいません。前へ進み続けるため、必要とあれば教え合い、助け合います。十二歳の子も九歳の子も、大きな子も小さな子も、協力し合って一緒に学んでいるのです。からかったり、侮辱したりする子はひとりもいません。

割り算、分数、小数、百分率。そして平方根……。子どもたちは依然として午前十一時に、ちゃんと集まってきます。それから三十分間、授業を受け、宿題を持って散っていくのです。次のクラスまで、きちんと宿題を仕上げて、また集まって来るのです。

結局、算数の全教程を終えるのに二十四週かかりました。週二回、一回につき三十分。ということは、トータル二十四時間ですべてを学んでしまったのです。ふつうの学校なら六年かけて学ぶところを、たったそれだけで……。それも、全員が、すべてを習得し切ったのです。

全クラスを終え、わたしたちは打ち上げパーティーを開いて騒ぎました。わたしたちが育んできた学びの理論が、驚くべき成功を収めたのです。その驚きは、最初で最後のものではありませんでした。この学校で、それは常に結果を出しているのです。

わたしには、ある種の奇跡のようにも思えた成功だったわけですが、考えれば不思議でも何でもないことでした。パーティーを終えて一週間後のことです。ありとあらゆる最新・最善の教授法に通じる初等数学教育の専門家で、長年にわたり公立学校で教えてきたアラン・ホワイトと話をする機会がありました。

わたしは彼に、算数のクラスで起きたことを語って聞かせたのです。ところが、彼はちっとも驚いてくれません。彼のクールな反応にややビックリして、わたしは「なぜ驚かないの?」と尋ねました。わたしはまだ、あの「十二人の悪ガキ」どもが見せた学びの速さ、その徹底ぶりを目の当たりにしたショックから覚めずにいたのです。

「そんなこと、別に驚くべきことでもなんでもありませんよ」と、アランは言いました。

「教科それ自体は、そんなに難しくないんです。では何が算数を難しく、ほとんど不可能にしているかというと、嫌で嫌で仕方ない子どもたちの頭に、無理やり教科を詰め込んでいく、あのやり方のせいです。毎日毎日、何年もの間ずっと、少しずつハンマーでたたき込んでいけば、さしもの子どもたちもいずれ覚えるだろう、というあの教え方です。しかし、うまく行くわけがない。だから、見てごらんなさい。この国の六年生の大半は、数学的な意味で文盲じゃないですか。結局、わたしたちがなすべきこと、それは、子どもたちが求めたとき、求めるものを与えることなのです。そうすれば、まあ、二十時間かそこらで、彼・女ら、きっとモノにしてしまいますよ」。

今や、わたしもそう考えています。それ以上時間がかかったことは、これまで一度もなかったのですから。

2 クラス

言葉には、くれぐれも注意しなければなりません。同じ言葉の意味が二人の人間にまったく同じに伝わるなんて、奇跡です。だから、同じことを言い合っていても、伝わらないことが往々にしてある。たとえば「愛」「平和」「信頼」「デモクラシー」といった言葉がそうです。どれも、よく耳にする言葉ですが、だれもが皆、自分の人生経験、世界観を重ね合わせて使っています。だから、話がぴったり噛み合わない場合も多い。

「クラス」という言葉を考えてみましょう。「学校」というものが存在しない社会で、「クラス」がどんな意味を持つのか、わたしには皆目見当がつきません。「クラス」という単語自体がないかも知れません。しかし、今、この本を読んでいる皆さんが、この言葉を聞いて持つイメージは、だいたい次のようなものでしょう。

「クラス」とは「教師」と「生徒」がいる部屋で、生徒たちは机に着席し、前方で立ったり座ったりしている教師から「授業」を受けている……。

さらに、連想をこうふくらませる人も多いはずです。

「クラス・ピリオド（授業時間）」、つまり、授業が行われる固定された時間帯。そして、「ホームワーク（宿題）」。さらには、生徒全員に対し、これを学びなさい、といったかたちで示される「教科書」――。

「クラス」という言葉には、次のような単語イメージもつきまといます。「つまらなさ」「イライラ」「辱め」「達成」「失敗」「競争」……。

これに対して、わたしたちのサドベリー・バレー校では、「クラス」は全く別の意味に変わってしまいます。わたしたちのいう「クラス」とは、当事者間の取り決めを指す言葉です。それは、数学でもフランス語でも、あるいは物理学でもスペリングでも陶芸でも、なんでも構わないのですが、子どもたちのうちの一人、あるいは何人かが、何かを学びたいと思ったとき、「クラス」の結成に向けたプロセスが始まります。

最初はもちろん、自力でどう学んでいくか、自分たちで方法をあれこれ考えます。適当な本やコンピューターのプログラムを探し出します。それだけで済めば、「クラス」はもちろん誕生しません。単なる「学び」があるのみです。

問題は、子どもたちが自分たちの力だけでは無理と判断したときです。だれかの手助けを必要としたときのことです。そんなとき子どもたちは、自分たちが学びたいことを教えてくれる人を探します。手助けしてくれる人が見つかったら、その人と「協定（ディール）」を結びます。

「これこれしかじかをすることを約束します。だから、こんなこと、あんなことをしてください。OKですか？」

これも授業。右端がダニエル・グリーンバーグ氏

当事者双方がOKなら協定成立です。そして「クラス」が生まれます。協定づくりを始める側、つまり教えを乞う側を、わたしたちは「生徒」と呼んでいます。だから、教えを求め、協定づくりのイニシアチブをとる者が出てこなければ「クラス」もありません。

サドベリー・バレー校では、子どもたちが学びたいことを自分で決め、自分なりの仕方で学んでしまうのが普通です。ですから、彼・女らは、それほど「クラス」に頼らないのです。

教えを乞う「生徒」たちと協定を結ぶもう一方の当事者を、サドベリー・バレー校では「教師」と呼んでいます。たまには、子どもたちが「教師」になることもあります。もちろん、この学校でも大抵は、そのために雇われた大人が「教師」の仕事をしていますが。

サドベリー・バレー校の教師たちは、子どもたちと協定を結ぶ用意ができていなくてはなりません。それも、子どもたちが満足する協定を交わせなければなりません。

この学校で教師として働きたいと、手紙に書いてくる人もたくさんいます。子どもたちにあれも教えられる、これも教えられると、自分にどれだけ「与える（ギブ）」ものがあるか、長々と書いてくる人もいます。そういう人はおそらく、この学校ではうまくいかないでしょう。

わたしたちにとって大事なことは、子どもたちが何を「取りたい（テーク）」かであって、子どもたちに何を「与える（ギブ）」か、ではありません。職業的教師の多くは、この点をどうも理解しにくいようです。

クラスをつくる協定には、いろんな条項が含まれます。何を学ぶか、から始まって、回数、当事者双方の義務、という風に続きます。たとえば、協定づくりにあたって、いつ生徒たちと会うか、教師は約束しなければなりません。固定した時間帯、たとえば毎週火曜日の午前十一時から三十分間、必ず勉強するということもあるでしょう。あるいは、たとえば「質問があったら、次ぎの月曜日、午前十時に集まって、みんなで考えてみよう。質問がなかったら、その次ぎの週までスキップだ」という具合に、フレキシブルな設定にする場合もあります。ときには一緒に参考書を選んで、別々に読んだりすることもあるでしょう。他方、子どもたちの側にも、守るべき協定事項があります。たとえば、約束の時間通り遅れずに集まる、といったことです。

協定を交わし、やるだけのことをやったら、クラスはそれでおしまいです。途中、教師がこれ以上教えることはもう無理、これ以上教えようがないと自分で判断したら、身を引くことができます。生徒たちが、そのクラスをもっと続けたければ、別の教師を見つけるしかありません。もしも、子どもたちがクラスの最中、それ以上進みたくないよ、と言いだしたら、教師は余った自分の時間をどう使うか、自分で考えなくてはならないのです。

サドベリー・バレー校には、もうひとつ、違った種類の「クラス」があります。本に書かれていないようなことで、みんなが興味を持ちそうな新しいこと、ユニークなことを是非話してみたいと思ったら、「お知らせ」を掲示して、たとえばこう呼びかけます。「これこれしかじかのことに関心のある人は、毎週木曜日、午前十時半、セミナー・ルームに集まれ」と。

そうして、その場所で同好の士が来るのを待つわけです。同志が現れたら「クラス」が生まれ、だれひとりとして顔を出さなかったら不成立ということになります。一回目だけ参加して、二回目から出なくても構いません。わたし自身、そのような目に何度も遭っています。最初は「こんどは一体、何をしたいんだか、ま、見るだけ見てみよう」と、子どもたちがたくさん集まります。それが回を重ねるたびに減っていく。そして結局、わたしが話したいと思っている事柄に、心底、興味を覚えている少人数の子どもたちだけが残るのです。

子どもたちにとって「クラス」への参加は、「娯楽」の一種でしょう。わたしを含むスタッフにとって、それは自分の考えを相手に伝える、ひとつの方法なのです。

3 ひたむき

「学び」という言葉も、要注意です。

カジュアルで、ゆとりがあり、のんびりしていて、覚えやすく、忘れやすく、ランダムかつ混沌、道草食いのいい加減――といったイメージで「学び」をとらえることも不可能ではありません。ところが、サドベリー・バレー校ではときに、これとは正反対、真面目・真剣・一直線型の「学び」に徹する子どもたちがやって来ます。わが道をまっしぐら、というひたむきな子どもたちです。

リチャードがこの学校に来たのは十三歳のときのこと。サドベリー・バレー校の開校と同時に入学した一期生の一人です。入学早々、リチャードはクラシック音楽、とくにトランペットに興味を覚えました。そして間もなく、自分の人生をこれに賭けると決断したのです。スタッフの一人でトロンボーン奏者のジャンの指導で、トランペットの世界にすっかりのめりこんで行ったのです。

リチャードは毎日、四時間のトランペット演奏を欠かしませんでした。信じられないくらいの集中ぶりです。少しはほかのことにも目を向けたら、と言っても無駄です。毎日、学校に来て、必ず四時間、きっちり演奏しないと気が済まないのです。

リチャードは、ボストンから片道一時間十五分をかけて通学してくるのです。ボストンからバスでやって来て、フラミンガムの終点から三十分以上、とことこ歩いて通って来るのです。まさに「雨ニモマケズ、風ニモマケズ」。毎日、四時間、トランペットを鳴らすために遠距離通学して来るのです。おかげで、わたしたちの鼓膜も毎日四時間、鍛えられっぱなし。

やがて、わたしたちの視線は、学校の池のそばに建つ無人の水車小屋にクギづけになりました。花崗岩の石づくり、それもキャンパスの外れにあるという願ってもない立地条件です。リチャードのトランペットに悩まされていたわたしたちの目に、水車小屋はひときわ気高い救世主のごときものに見えるようになったのです。それは、リチャードとしても望むところでした。水車小屋は音楽スタジオに生まれ変わり、思う存分トランペットを吹けるようになったのです。

サドベリー・バレー校を卒業後、リチャードは音楽院に進みました。そこで管楽器のエキスパートとなった彼は、音楽院を出て間もなく、あるメジャーな交響楽団の第一ホルン奏者に抜擢されたのです。

リチャードに続いて登場したのはフレッドです。それも、こんどはドラムと来た。

朝にドンドコ、昼にドンドコ、夜もドンドコ、というありさまです。こうなると、もはや我慢も限界。ほおっておくわけにには行きません。仕方なく地下室を明け渡し、そこでドンドコやってもらうことにしたのです。フレッドには地下室の鍵を渡しました。週末も学校に来てドラムを叩くからです。

しかし、地下室も建物の一部。日中、フレッドがドラムを叩き出すと、サドベリー・バレー校はまるでジャングルの村です。床の下からドンドコ、重い響きが伝わって来るのです。そんなフレッドがサドベリー・バレー校に在籍したのは、たったの二年。十八歳で巣立っていったのです。わたしたちはもちろん、フレッドのことが大好きでした。でも、この二年間の、いかに長かったことか。

音楽だけが、わたしたちの心の奥底に眠る、ひたむきさを呼び覚ますものではありません。子どもたちは皆、ひとつやふたつ、あるいはそれ以上の関心を、それこそもの凄い集中力で追究するものなのです。好きなことだけに熱中するわけではありません。

サドベリー・バレー校では毎年、あの悪名高きＳＡＴ（大学進学適性テスト）で高い点を取ろうと、受験勉強に没頭する子が現れます。いってみれば、テストを受ける能力を測るだけのＳＡＴですが、希望する大学に入るためには受けるしかありません。手助けしてくれるスタッフを見つけると、参考書を片っ端から読んで行きます。一頁ごと、真剣な目で読み進んでいく。たいてい、四カ月から五カ月で準備完了です。

サドベリー・バレー校には毎日、何時間もひたすら書きまくるライターもいます。ひたすら描き続ける絵描きもいる。ろくろを回しつづける陶芸家もいれば、料理に熱中するシェフも、スポーツ一筋の運動選手もいます。

仲間と同じ関心事を追究する子どもたちも多いのですが、なかには絶対、真似されることのない独自のテーマを追い求める生徒もいます。ルークの場合がそうでした。彼の夢は葬儀屋になること。十五歳の少年が抱く野心にしては、風変わりなものでした。

ところが、ルークには彼なりの理由があったのです。葬儀屋になって、地域の人々の役に立ち、肉親を亡くした人々の悲しみを和らげたいと、心底、思っていたのです。ですから、彼の勉強ぶりは真剣そのもの。生物学や化学などを、一生懸命勉強しました。

十六歳ともなると、もう学校での学習では満足できません。そこで、わたしたちはルークを現実の世界へと連れだしたのです。地元のある綜合病院の主任病理学者が、ルークを受け入れてくれました。そこでルークは、ひたすら見習いの腕を磨き、一年経たないうちに医師の立ち会いの下、検死を任されるようになったのです。

それから五年後、ルークは念願の葬儀屋になりました。それから間もなく、彼は立派な葬儀店を開店したのです。

ルークと同様、ボブのことも忘れられません。

ある日、ボブがわたしのところにやって来て、こう言いました。「ぼくに、物理学を教えてくれませんか?」。

わたしはボブの真剣さを疑いませんでした。何事も徹底してやり遂げる子で、なにより実績があるのです。サドベリー・バレー校の学校新聞を発行して来たのも彼。サドベリー・バレー校の司法制度について、研究書をものにした(出版した)のも彼でした。ピアノのレッスンにも励み、上手に弾けるようになったボブが、わたしから物理学を学びたいというのです。わたしは二つ返事で引き受けました。ただし、教え方は至極かんたん、物理学のテキストをボブが独りで読んで行くだけのことです。

わたしは彼に大学の物理学の入門テキストを手渡しました。以前、わたしが大学で教えていたころ使っていた教科書で、わたし自身、学生時代、旧版で勉強した教科書です。使い慣れているので、学生がどの辺で躓《つまづ》くか分かっていました。「一頁ごと、練習問題をこなしながら進んでいくんだよ」と、わたしはボブに言いました。「分からなくなったら、すぐにわたしのところへ質問しに来なさい。疑問は小さければ小さいほどいい」。

わたしは、ボブの最初の躓き場所がどこか分かったつもりでいたのです。二、三日もすれば、必ず質問しに現れると。ところが、一週間経っても二週間経ってもボブは現れません。一カ月が過ぎ、二カ月が過ぎても教科書を手に質問しに来ないのです。

しかし、途中であきらめたり、投げ出したりするようなボブではありません。関心をなくしてしまったのだろうか、と訝《いぶか》りながら、わたしはじっと黙って待ちつづけたのです。教科書を読みだして五カ月後、ボブがついにやって来ました。「二五二頁のここのところで引っ掛かっちゃって」。そこまで自力で進んでいたのです。わたしは驚きを隠しながらポイントを説明しました。ボブは五分間で、最初で最後の躓きを克服したのです。

そうなのです。ボブがわたしのところに聞きにきたのは、後にも先にも、そのときだけ。あとはぜんぶ、自力で勉強してしまったのです。こんな調子でボブは、わたしに手助けを頼むことなく、代数や微積分をマスターしました。

ボブはいまや、数学者として活躍しています。

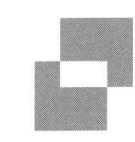

4　弟子入り

サドベリー・バレー校に在籍しながら、総合病院の病理学者に弟子入りした生徒がいます。本校派遣の「徒弟第1号」のルークです。

ルークの希望をかなえて人体解剖を見せたくとも、この学校では無理でした。設備をいくら整えたとしても、解剖用の人体は用意できません。

十五歳のルークにとって、採りうる道は二つ。あと五、六年待って、大学生になってから自分の選んだ道に入るのがひとつ。もうひとつは、ルーク本人にその気があるなら、すぐさま好きな道に飛び込むことです。

結局、後者を選んだルークの選択に間違いはありませんでした。わたしたちもまた、ルークが待たねばならない理由を見つけることはできませんでした。そこで地域に住むドクターたちを訪ね、彼の希望が叶うよう打診を始めたのです。その結果、わたしたちの考え方を理解してくれるドクターが一人、見つかりました。

そこでわたしたちは、クラスの「協定」と同じような合意書をドクターと交わしたのです。ドクターにはルークを助手として使ってもらいます。報酬はいりません。サドベリー・バレー校の教育の一環ですから。その代わり、ルークにはこれこれしかじかの訓練をしていただきます——といった具合です。

合意書には、訓練の内容が事細かに記されています。詳細な記載事項を関係者全員で確認し、サドベリー・バレー校の徒弟プログラムはスタートしたのです。

ルークに続く者がすぐ現れました。演劇に興味を持っていたジルです。彼女は、学校での勉強に飽き足らなくなっていました。自分をどんな人間に仕上げていくか、最終目標はすでに定まっていたのです。メーキャップ、衣装、大道具、照明の技術を身につけたかったのです。

サドベリー・バレー校の派遣徒弟として彼女が働きだしたのは、ボストンの隣町、ケンブリッジにあるレーブ劇場でした。ほどなくして彼女は一人前になり、全米各地の劇場から声がかかって、アシスタントとして雇われるようになったのです。その収入を学費に回し、ジルは大学に進学しました。そして、そこで得た演劇の学位が、彼女のキャリアをさらに前進させたのです。

いつまで学校に留まるべきか、どの時点で学校から巣立ったらいいか？——なかなか決断を下せない難問です。

サウルという男の子は、十四歳にして写真の虜になってしまいました。学校の暗室に入り浸り、写真術のイロハをマスターしてしまったのです。そうなると、どうしても学校の設備だけでは満足できません。しかし、その時点でサウルは、外に習いに出掛ける道を選びませんでした。学校の暗室を自分でグレードアップする作業に取りかかったのです。暗室内の大工仕事を続けました。その一方で、写真のテクニックを学ぶことも忘れませんでした。中古の器材を運び込み、暗室は一年で立派なフォトラボに生まれ変わりました。

サドベリー　緑のキャンパス

サドベリー・バレー校で写真に夢中になり、暗室の改善に取り組んだのは、実はサウルで四人目です。サウルの改造作業の結果、暗室はさらに素晴らしいものになったのです。

が、十六歳になったサウルにとって、その設備も満足できないものになってしまいました。本職のマスターから手ほどきを受ける必要が出てきたのです。サウルは、自分を徒弟として採用してくれるプロの写真家を探し、何週間もボストンの街を歩き回りました。

写真家たちの反応は冷たいものでした。「大学に行きなよ」と、一人のプロが言いました。別のプロも「うちじゃ、無理だね。でっかい現像所に行って頼んでみたら」。

さんざん苦労したサウルは、マスターに対する陳情の仕方を心得るようになりました。そして、ついに、ジョーという写真家に出会ったのです。サウルは、ジョーが次々に挙げる拒絶の理由をひとつずつ横にかわして粘り続けました。しかしジョーも、リスクを背負い切れないといって、こちらも頑張るのです。

「これまでも何度か、若いのを何人か使ってみたことがあるんだよ」と、ジョーは言いました。「もう、みんな無責任な奴ばかり。時間には遅れて来るし、そこらじゅうメチャクチャにしてしまうし、何をやらせてもダメなんだよ。もうコリゴリだ」。

それでもサウルはあきらめませんでした。サドベリー・バレー校も彼を全面的にバックアップし、学校としてもきちんと責任をとると約束しました。一週間に二回、サウルをバスでボストンまで送り出し、ジョーのもとでしっかり働かせる、と。

サウルは、ジョーのもとで写真をいちからやり直しました。そして、その年の暮れ、サウルの徒弟修行が終わると、ジョーはサウルに頭を下げ、このまま仕事を手伝ってくれないかと頼んだのです。サウルは、いまや芸術写真家として独り立ちしています。とくにコマーシャルフォトの分野では実績ある写真家として認められているのです。

そんなわたしたちの派遣徒弟制度ですが、これまで、ひとつだけ失敗例があります。マスターの方が無責任な男で、約束を守らなかったのです。徒弟として働いていた生徒は、結局しばらくして仕事をやめ、別のマスターを探さざるを得ませんでした。

サドベリー・バレー校には、何年にもわたって、ほかのだれよりも生徒を徒弟として引き受けてくれているマスターがいます。総合建築業を営むアラン・ホワイトです。

この学校が開校した当時、彼はある公立学校の校長でした。教育行政の出世の階段を順調に登っていたのです。学校管理者としても成功する才能に恵まれていました。頭の良い人ですが、見せびらかすような真似は絶対にしません。神経質ではありますが、クールさを失うことはない人です。公正で、やさしく、理に適っていて、自分を律する抑制がきちんときいている人なのです。

水辺の散策　静かな時間

　サドベリー・バレー校を開校したわたしたちは、ボストン都市圏にある全ての公立学校の当局者に見学の招待状を送ったのですが、招待にこたえてやって来たたった一人の校長、それがアランだったのです。この学校がどんなところか、興味をひかれてやって来たそうです。サドベリー・バレー校を視察して好奇心が高じ、そのまま飛び込んでしまいたくなったといいます。

　そんなアランが小さな町の教育長になったのは、

それから間もなくのことでした。そして、町の公立学校改革に深く関わり始めたのです。サドベリー・バレー校は、すでにアランの「手本」になっていました。わたしたちの学校を見れば見るほど、町の公立学校に変化をもたらしたいという思いが、彼の心のなかに募っていったのです。

アランの教育方針をめぐって、やがて町は賛否両論に分かれました。アランが改革のモデルとしてつくった公立のオルタナティブ校（新しいタイプの学校）は、十五年経ったいまも卒業生や教師に懐かしく思い出されているのですが、結局、閉鎖を余儀なくされたのです。

アランは、公教育の世界に別れを告げました。残りの任期を居残りさえすれば、どんどん膨らんだはずの退職手当など、役得をみな自分から投げ出したのです。そして、子どものころからの夢だった大工仕事の世界に飛び込み、間もなく総合建築業の看板を掲げるまでになったのです。

それ以来ずっと、アランはわたしたちのそばから離れません。わたしたちを助け、アドバイスし、慰める場所に、いつもいてくれたのです。開校以来ずっと、サドベリー・バレー校の学校協力会の会長に選出されている人、それがアランなのです。

学校で大工仕事や建築業に関心を持つ生徒が出てくると、アランが登場します。そして、生徒はいつの間にか、アラン親方の弟子になってしまっている。これまで四人がアランの手で育てられ、仕事を身につけ、そのまま建築のプロの道を進んでいます。

サドベリー・バレー校の徒弟プログラムを通してアランは、言葉のほんとうの意味における「教育」の世界に身を置き続けて来たのです。そして、意欲的でエネルギッシュな若い学び手とともに、マスターとして働く喜びを満喫してきたのです。

5 リーディング（読み）

かれこれ二十年近く、サドベリー・バレー校では、いわゆる「読書障害（ディスレクシア）」なるケースが一件も出ていません。なぜ、そうなのか、理由は分かりません。

学界では「読書障害」の原因、その発現形態、そしてそもそも「読書障害」なるものが機能障害として実存するものなのか、をめぐって激しい議論が繰り返されて来ました。権威あるひとびとは、子どもたちの最大二〇％がこの障害に冒されている、と主張しています。

ただひとつ事実としていえるのは、そんなもの、このサドベリー・バレー校ではこれまで一度もお目にかかっていない、ということです。わたしたちの場合、子どもたちに「読み方」を教え込んでいないせいかも知れません。

リーディング（読み）は、わたしたちの学校を厳しい試練に晒《さら》しました。わたしたちはリーディングについても、あくまで子ども本人のイニシアチブに任せているのです。わたしたちの方から「読みなさい」と勧めることはありません。「さあ、読み方を習いましょうね」とは、だれも言わないのです。「今、読み方、習っておいた方が、いいと思わない？」と勧めることもない。いかにも楽しそうな様子で、「ねぇ、読むって、なんかワクワクすることじゃない？」と誘い込むこともありません。

わたしたちの原則はただひとつ。リーディングについても、生徒が最初の一歩を踏み出すのを待つ、ということです。

何事も思い通りになれば、信念を生きるのも簡単なことです。が、現実はなかなか、そうはならないもの。わたしの家族の例を見てください。一番上の子は、五歳にしてリーディング（読み）に興味を覚えました。自分自身の力で、六歳で読めるようになったのです。なんの問題もありません。すべては期待通り、うまく行ったのです。

さて、二歳と六ヵ月年下の娘の番です。学校のほかの子どもと同様、娘が読むのを教えてくれと頼んでくるまで、あるいはまた自分で読むようになるまで、わたしたちは待ったのです。待って、待って、待ったのです。ところが彼女は、六歳になっても読まないのです。まあ、それも良しとしなければならないでしょう。世間並みなのですから。

が、彼女は七歳になっても読み始めません。こうなると、親としてはやはり心配です。とくに、おじいちゃん、おばあちゃん、叔父さん、叔母さんたちが不安の表情を浮かべます。

ついに八歳にして、読まず。こうなると、もはや一家、仲間うちのスキャンダルです。わたしたち夫婦は、まるで非行パパと非行ママ。「それでよく、学校やってられるわね」というわけです。娘が八歳になっても読めないのに対策もとらないで、よく学校をやってますなんていってられるわね、そんなのまともな学校じゃないよ、と非難の言葉を浴びせかけてくるのです。

でも、サドベリー・バレー校では、だれもそんなこと気にしちゃいません。たしかに、八歳になる友だちの大半は読めるようになっている。でも、まだ読めない子も何人かいるのです。そんなことなど、娘は気にもかけていません。元気いっぱい幸せに、毎日を過ごしているのです。

娘が「読みたい。読もう」と心に決めたのは九歳のときでした。どんな理由でそう決断したのか、わたしには分かりませんし、娘本人も覚えていません。間もなく、九歳と六ヵ月で、彼女は完璧に読めるようになりました。何でも読めるのです。もはや彼女は、だれの「心配の種」でもなくなったのです。もちろん、もともと「問題児」でもなんでもなかったのですが。

わたしたちの個人的な経験の世界に、ふつう（典型）を外れているからおかしい、ということはないのです。早く読みはじめる子もいれば、遅い子もいる。しかし、全員に共通しているのは、時が来れば読みはじめる、ということです。たとえ一分であっても、それを早めることはできないのです。みんながそれぞれ、時が来れば読むようになる。それだけのことなのです。

遅れて読みはじめた子どものなかには、「本の虫」になる子もいます。逆にほかの子より早く読めるようになったのに、めったに本を開かない子もいます。

わたしたちの学校に、小学生課程のリーディングの教科書は一冊もありません。一年生用、二年生用、三年生用の入門テキストもありません。

ところで、みなさんのなかに、小学校の教師は別にして、小学校の読本（リーダー）を覗いたことがあるひとは、どれだけいることでしょう。読めば分かります。あきれてものを言えなくなるほど単純で、つまらなく、意味のない代物なのです。街を知り、テレビで育った現代っ子にとって、そうした教科書はバカバカしさ以外の何物でもないのです。

わたしの場合、読んで楽しむため教科書を開いている子どもと出会ったことは、ただの一度もありません。


とにかく、この学校では、リーディングについて誰ひとり、思い煩《わずら》ったりしません。読みたい、コーチがほしいと思ったら、助けを求めて聞くだけです。

覚え方もさまざまです。どうやら、ひとりひとりに自分流の学び方があるようなのです。ある子は本を読んでもらって読み方を覚えます。ストーリーをそらで言えるようになり、遂にはその本を自分で読むようになる。コーンフレークの入った箱に印刷してある文字を見て読み方を覚える子もいれば、ゲームの説明書や街頭の広告標識から学ぶ子もいます。正直いって、彼・女らがどうやって読み方を身につけているか、わたしたちにも本当のところはわかりません。それは、子どもたちにとっても、なかなかうまく説明できないことなのです。

わたしはある日、読めるようになったばかりの男の子に、「どんなふうにして、読み方、覚えたの?」と聞いてみました。彼の答えはこうでした。「かんたんだったよ。中に入って、外へ出るだけでいいんだ。そしたら、読めるようになった」??。

子どもたちがリーディングを学ぶことは、スピーキング（話し）を覚えることと、よく似ています。子どもを「スピーキング教室」に閉じ込めて育てる社会はありません。たぶん、そのことが、子どもたちが学校に入る前、自分の力で話せるようになっている理由でしょう。わたしはこんなことも想像します。一歳の幼児が学校に行くようになれば、そこには多分、スピーキングのクラスがあり、最近新たに発見されたという「スピーキング障害」なるものがあって、手ぐすねひいて子どもたちを待ち受けているはず、と。

機能的な障害があって話せない子は、ごく稀です。どうやって話せるようになるかは未知数なのですが、圧倒的多数の子どもたちは、とにかく自分で話せるようになるのです。

では、子どもたちは何故、話し方を学ぶのでしょう？　事実は次の通りでしょう。そういう子どもたちは産まれ落ちたその日から、人間の話し言葉が飛び交う世界の中で育つのです。自分の周りで交わされる、言葉は何としてもマスターしたい至上のものなのです。話そうと懸命に努力する子どもたちの闘いは、決意と粘り強さの一大叙事詩です。

サドベリー・バレー校では、それと同じことがリーディングの面でも起きています。書かれた言葉こそ、現実世界の謎を解く知識への鍵であることを子どもたちは理解するのです。彼・女らは、好奇心の導きでその鍵を手に入れようと願ったそのとき、スピーキングを覚えた同じひたむきさで鍵を我が物とするのです。

子どもたちにとって、リーディングの方がスピーキングよりずっとかんたんです。成長した分、学びの経験を積んでいるからです。話せるようになっているので、言語とは何か、どんな風に使えばいいか、すでに理解済みです。単語もいっぱい覚えています。ですから、話せるようになるまで使った時間、払った努力のほんの一部をリーディングに回すだけで読めるようになるのです。

しかし、ライティング（書き）となると違った面が出てきます。子どもたちの多くは、ただ書きたいだけでなく、キレイに書きたいのです。それは、美学の問題だと言っていい。だから、キレイな字の書き方を教えてくれる人のところにいって真似たりするのです。絵を描いたり、刺繍をする感覚と同じです。

美的な術としてのライティングは、ときに、おかしな結果を生み出します。何時間も文字をていねいに書きつづけているのに、読み方を知らないという場合がけっこうあるのです。「読めないのに、どうして習字の練習をするの？」と、わたしはよく尋ねます。「だって、キレイなんだもん」。これが、子どもたちの答えです。つまりは「お絵描き」ならぬ「お字描き」です。これに一時没頭して、次の関心事に移っていく。そして、あれほど熱中していた「お字描き」のことなど忘れてしまう。そうして何年か後、再び、読み書きをいちから学び始めるのです。

そうした一見むだな繰り返しこそ、大事なことかもしれません。サドベリー・バレー校では、子どもたちに対するリーディングの強制はいっさいありません。おだてたり、ご褒美で釣ることも全くありません。そして「読書障害（ディスレクシア）」もゼロ。文盲のまま、あるいは満足に読み書きできない状態で卒業していった子は一人もいないのです。

たしかに、この学校では八歳、または十歳、あるいは稀に十二歳になっても、まだ読み書きができない子もいます。しかし、いつの間にか読み書きできるようになり、覚えるのが早かった子に追いついてしまうのです。そんなに晩生《おくて》な子だったとは、だれも気づきませんし、想像もつかないことでしょう。

6 釣り

毎年六月になると、必ず学校に顔を出す父親がいました。ジョンです。息子のダンのことが心配で、わたしに会いに来るのです。もちろんダンは、この学校、サドベリー・バレー校の生徒です。父と子の間に問題があるわけではありません。ジョンは優しく知的な父親で、息子に対し援助を惜しまない人だったのです。

そのジョンに悩みがありました。ほんの小さな悩みの種が……。そのため、年にいちど、わたしのところへ相談に来て、とりあえず納得し、なんとかなると自分に言い聞かせて帰っていくのです。ジョンとわたしの間にいつの間にか、こんな会話のパターンができあがってしまいました。

ジョン「この学校の哲学をわたしだって知らないわけじゃないですよ。理解だってしてます。でも、やっぱり聞いておかないことには……。心配なんですよ」

わたし「どうしたんです?」（と、一応、聞くわけですが、ジョンが何を心配しているか、わたしには分かっています。そして、ジョンもそれを知っている。ですから、この会話の導入部は、いわば儀式のようなものです）

ジョン「だって、息子のダンときたら、ここに来て毎日、釣りばかりでしょう?」
わたし「その、どこがいけないのですか?」
ジョン「一日いっぱい、それも連日ですよ。秋から冬、冬から春。とにかく、釣りばかりじゃないですか……」

わたしは黙ってジョンの顔を見つめ、ぼやきの続きを待ちます。ここから、いよいよ本題に入るわけです。

ジョン「わたしが心配なのは、要するにダンが何にも勉強してないことなんです。このまま行ったら、何ひとつモノを知らずに大人になってしまうんじゃないか、と」――

ここで、わたしの短い演説の出番です。ジョンも、どうせそう言われると分かっていて相談に来ているのです。心配を打ち消す、わたしの言葉を待っているのです。わたしは、こう説得します。

「なーに、心配いりませんよ。ダンは何も勉強していないんじゃなくて、その逆です。ダンはわたしの知るかぎり、ほかのだれよりも魚に詳しい。すくなくとも同年齢の子どもには絶対、負けないだけの知識を持っている。魚の種類からそのすみか、行動の特性、生態、そして魚たちの好き嫌いと、魚のことなら何でも知っている。だから将来、立派な漁師になるかもしれませんよ。釣りのエキスパートになって、新しい『釣魚大全』を書くことになるかもしれないじゃないですか……」

わたしの「雄弁」も、こうなるとちょっと悪のり。さすがのジョンも、いやな顔をしています。感情をごまかせない性質なのです。息子が釣りの権威になるかも知れないって? そんなこと、信じられるわけがないじゃない……。

ムッと来ているジョンに向かって、わたしはさらに言葉を継ぎます。わたしの話も、これからが本論なのです。

「わたしの見るところ、ダンはほかにもいろいろ、大事なことを学んでいます。まず第一に、どうすればひとつの物事をしっかり摑み、投げ出さずにすむか。第二に、欲求の度合いがどうあれ、あるいはその導く先が何処であろうと、自分がほんとうに興味を持つことを存分に追い求めることができる自由の大切さを学んだこと。そして最後に、自分がどうすればハッピーでいられるか、ダンは知っている――」。

実際、ダンはサドベリー・バレー校で最も幸せな子どもだったのです。いつもニコニコ笑っている子でした。顔ばかりでなく、ハートがスマイルしているのです。年上の子も年下の子も、男の子も女の子も、みんなダンのことが大好きでした。

さて、わたしの演説も、そろそろ終わりに近づいています。わたしはジョンに向かって、はっきりこう告げます。

「ダンが学んでいることを奪い去る権利は、だれにもないんですよ」

そして、こう締めくくります。

「いつの日か、あるいはいつの年にか、釣りに対する関心がなくなれば、こんどは釣りに注いだと同じ努力を次ぎの関心事に向けるはず。だから、もう心配しないで下さい」

この言葉を聞きおえると、ジョンはおもむろに立ち上がり、温かな「サンキュー」の一言を言い残して、帰っていくのです。そして、一年後にまた、同じ言葉が聞きたくてやって来る。ただし、ジョンの奥さんのドーンは、一緒に付いてきたことがありません。彼女はサドベリー・バレー校に満足していたのです。なぜなら、ダンという、喜びを発散しながら育つ、元気な男の子を持てたのですから。

こんなパターンの繰り返しのあと、それまで毎年、相談に来ていたジョンが顔を見せなくなりました。息子のダンが釣りを卒業したのです。

十五歳になってダンは、コンピューターに夢中になりました。一年経つと、地元のコンピューター会社のサービス・エキスパートとしてアルバイトをするまでになったのです。

十七歳ではなんと、友だちと二人でコンピューターの販売・サービスを行う会社を起こしてしまいました。十八歳でサドベリー・バレー校を巣立った彼は、コンピューターをもっと勉強するため大学に進みました。大学在学中も、コンピューターのエキスパートとして働きながら学費を稼いだのです。

釣りをしながら学んだことを、ダンは決して忘れませんでした。

釣りの素晴らしさ、その美しさについて、万巻の書物が書かれています。それをわたしたちは、このサドベリー・バレー校で目の当たりにしています。

子どもたちは釣りが大好きです。釣りをするとリラックスできます。それに、釣りには挑戦し甲斐があります。晴れても雨が降っても、その気になれば楽しめるアウトドアのスポーツです。学校の池の畔《ほとり》に立ち、釣り糸を垂らす……。周りには、生い茂った森の静寂、淡いグレーの花崗岩でできた石造りの建物、水車小屋の前のせせらぎ……。釣りする子どもたちは、こうした美しさに浸りながら時を過ごすのです。その美しさをからだ全体で感じながら。

釣りはまた、人と人とを結び付けるものです。友だちと並んで釣り糸を垂らし、年上の生徒からいろんなことを教わる。サドベリー・バレー校では毎年、五、六歳の新入生たちが釣り針のしかけと格闘する姿が見られます。釣りはさらに、俗世を超越したものでもあります。孤独にひたることができるのです。邪魔する人はだれもいません。日がな一日、孤独のなかで思索し、瞑想にふけるため、釣り竿を持って出掛ける生徒もいます。

釣りは、学校生活の重要な部分を、ある穏やかなかたちで構成しています。池のあるキャンパスを持つことができて、なんとわたしたちは幸せなことでしょう。

ジョンとダンのエピソードは、この学校ができて間もないころの話です。この父と子の逸話は、この学校の何たるかを如実に示しています。

おかげでわたし自身、一番下の息子が一日中、池で釣りをしていても、ちっとも心配しなくてすんだのです。それはもう、一度見終わったことの繰り返しですから。釣り糸を垂らす息子は何事かを学んでいる――。その事実を、わたしも学んで知ったのです。

7　動物伝説

わたしたちが校舎として使っている建物の敷地には、馬小屋と馬車馬用の納屋が建っています。ですから、この建物を買ったとき、なんだか得をしたような気がしました。見た目も素敵でしたし、将来、動物を飼育するにも好都合だったからです。

事件の始まりは、無邪気なものでした。モウリーという、この辺ではちょっと有名な女性騎手が、わたしたちの馬小屋を使わせてくれないかと頼みに来たのです。乗馬を教えたい、というのが彼女の希望でした。条件面の詰めに数時間を費やしましたが、別に悪いことでもないので、彼女に馬小屋の使用許可を与えたのです。

わたしたちがサドベリー・バレー校を開校したのは一九六八年六月一日のことでした。と同時に、実は、わずかなレッスン料で馬を乗り回せる乗馬コースも併せて開講したのです。ところが翌日、六月二日になって、わたしたちは驚きました。モウリーが家財道具いっさいを持ち込んで、納屋で暮らしはじめたのです。彼女にはほかに住む場所がなかったのです。おまけに、彼女が入り込んだ納屋にはトイレも台所もついていません。どうする気なんだろうと、わたしたちは訝《いぶか》りはじめました。

馬小屋でも、彼女の馬たちが生活を始めました。ところが、掃除の方はほったらかし。毎日毎日、馬糞が山となって壁際に堆積していきます。衛生管理の上からも、消防規則からいっても、改善せざるを得ない事態に立ち至ったのです。当時は開校間もなく、次から次ぎへと出てくる問題の山と格闘していたころ。馬小屋の一件だけに時間をかけている余裕はありません。

が、そのうち、事は思わぬ方向に進んで一件落着しました。幸いなことに、サドベリー・バレー校に入学して来た子どもたちの大半が、馬に興味を示さなかったのです。あてが外れたモウリーは、間もなく馬を連れて、どこかへ出ていってしまいました。

サドベリー・バレー校の一連の「動物伝説」は、このモウリーの一件に始まりました。それは、単なる序章に過ぎなかったのです。

「馬小屋と納屋で山羊を飼ってみたい」と言い出したのは、ウイルソン家の子どもたちでした。学校運営を決める全校集会の場で提案したのです。わたしたちは、反対理由をいろいろ並べ立て、抵抗を試みました。

「日曜日や休日にも、世話しなくちゃならないんだよ」と、わたしたちは言います。

「ノープロブレム（そんなの問題じゃないよ）」と、提案グループが切り返します。

グループには男の子が三人、女の子が一人いるので、仕事を分担すれば人手は足りるという主張です。

「でも、君たち、山羊の世話の仕方、知らないんじゃない？」

「それは違います。山羊の飼い方が書いてある本を読んだし、知り合いの家で飼育の手伝いをしたことだってある。ぼくたちは、山羊を育てる勉強がしてみたいんだ。うちのお母さんも手伝ってくれるというし」

そのお母さんというのが、この学校の教師のひとりだったのです。こうなると、わたしたちとしても、これはもう「正当なる教育的リクエスト」である、と見なさざるを得ません。同意するほかありませんでした。

たしかに、山羊を育てることによって学ぶことも多かったことでしょう。が、厄介な問題もたくさん出てきたのです。せっかくの美しいキャンパスで山羊を飼うのは、あまり愉快なことではない、と分かってきたのです。なにしろ、いたるところで脱糞するのですから。ウイルソン家の子どもたちか、あるいは手伝いを買って出たほかの生徒が山羊たちを散歩に連れだすと、山羊たちが行進した跡に糞の行列が残るのです。臭いは気にならないけれど、糞の上に座って友だちとおしゃべりをするのは楽しいことじゃありません。そのうえ、脱走騒ぎです。山羊たちは意外にすばしこく、身のこなしも軽くて、逃げようと決心したらトコトンあきらめません。だいたい週に一度は脱走劇に成功するのです。

いま、当時のことを振り返ってみると、いつもいつも山羊たちが自力で脱げ出したとは、とても思えないのですが……。ともあれ、山羊たちが逃げだすと、学校中、大騒ぎ。子どもたちは大喜びです。捕まえようと追っ掛け回す子もいれば、それを見て手をたたいて喜んでいる子もいる。毎回、叫びと疾走、悲鳴のなかで捕りもの劇の幕が上がるのです。山羊たちが、他人の所有地にまで侵入することもしばしば。これでは、サドベリー・バレー校のイメージアップにつながるわけがありません。

そうこうしているうちに、さしものウイルソン一家も、山羊の扱いに疲れてきました。そして、飼育はもうやめると言いだしたのです。わたしたちに、ようやく安息の日々が訪れました。

しかし、それも長くは続きませんでした。こんどはウサギです。

連中が「ウサギの飼育・生産技術を学びたい」と言いだしたのです。こんどはウイルソン家の男の子三人に、仲良しのアンディーが加わった男子四人組。「ウイルソン・ギャング団」と呼ばれた悪ガキどもです。例によってわたしたちは、あれこれ反対理由を持ち出し、弱々しく抵抗を試みました。が、あえなく敗退――。わたしたちとしても、議論に負けることは最初から分かっていたのです。彼らの主張は、こんな具合でした。

山羊を飼育できたことで、ぼくたちに動物を育てる能力があることが分かった。ウサギの場合、ケージの中で飼うから、山羊のように外に逃げだしたりしない。かりに逃げたとしても、みんなで追っ掛け回す騒ぎは起こりえない。なにしろ、ウサギは逃げ足が速く、捕まえたくとも捕まえられないから――という反論の余地ない論理で攻めてきたのです。

さっそく馬小屋は、ウサギの飼育場に化けてしまいました。それも、ウイルソン・ギャング団がウサギに興味をなくすまでのことだったのですが……。

子どもたちの動物への愛は、ときに冒険物語へと発展します。

あの一九七五年の大吹雪のときには、こんなことがありました。あちこちに吹き溜まりができて道路は通行止め、学校や商店が閉鎖される事態になったときのことです。動物の世話をしなければならないから学校まで車で送ってと、クリスとアミーが母親のマージに懇願したのです。でも、それは出

登っておいで、屋根の上まで！

来ない相談でした。

「ママ、お願い。山羊たちにえさと水をあげなくちゃならないの」

「悪いけど車を動かせないの。こういうときは近所にだって運転しちゃいけないのよ」

これ以上、言っても無駄と悟ると、二人は雪のなかを学校まで片道十キロの踏破の旅にでかけました。そして山羊たちの世話を終え、六時間後、心配して待つ母親のもとに帰ったのです。

納屋はその後、リフォームされ、なかの仕切りも取り外されました。が、馬小屋の方は、そのままの状態でまだ残っています。ですから、馬を飼いたくなったら、今でも可能です。馬を育ててみたい、という生徒も、いつかきっと現れることでしょう。子どもたちの動物への愛が、完全に時代遅れのものにならないかぎり。

8 化学

何事にも、はやりすたりはつきものです。

わたしが子どものころには、近所の「天才」といえば、決まって化学マニアでした。家の地下に実験室を持っていて、なかに閉じこもったきりなかなか出てこない。溶液の調合に失敗し火事を出してしまったり、爆発事故を起こしてしまった、というような風変わりな化学者の噂が広がったものです。一九六〇年代の終わりごろには、化学はすたれてしまって、世の中の表舞台、あるいは中心から退場してしまいました。サドベリー・バレー校には経験を積んだ化学者のハンナがいましたが、彼女に教えを乞う生徒は出て来ませんでした。わたしたちは、化学の実験室のない学校を開校したのです。そんな状態は何年もの間、続きました。

ところが、ある日、何人かの生徒が俄然、化学に興味を持ちはじめたのです。学校として、なんとか応えなければなりません。

当時、わたしたちの学校には、金銭的な余裕はありませんでした。一九七〇年代前半のサドベリー・バレー校は、学校を続けていくだけで精一杯だったのです。ところが、化学の実験器具のカタログには、目玉が飛び出るような値段がついている。ほかの学校にあるような化学の実験室を整備しようとすれば、それだけで開校以来、わたしたちが使った全予算を上回る金額が必要だったのです。ハンナはサドベリー・バレー校にかかわる以前、MIT（マサチューセッツ工科大学）で生化学者として働いていました。だから当時も、MITやほかの大学に、彼女の友だちがたくさんいたのです。ハンナは、かつての根城で実験器具がどう処分されているか、思い出しました。毎年、新しい研究プロジェクトが始まるたびに最新の機器が導入され、何トンもの器具や設備が廃棄されるのです。彼女は「ごみ」収拾を決意しました。「ごみ」のなかには、新品同然のものが多数含まれているのです。必要器材のリストを手に、ハンナは知り合いのいる大学の化学科や生物学教室に電話をかけ続けました。その結果、一ヵ月も経たないうちに、必要なものを全部そろえることができたのです。

学校の教材用につくられた模造品ではありません。いずれも、プロの研究者用の一級品です。実験台に流し、キャビネットにガラスの実験具、顕微鏡、椅子、その他付属品一式。結局、わたしたちが自前で用意しなければならなかったのは、消火器に防火毛布、木材に送風機、そして日除けの庇《ひさし》だけだったのです。大学で廃棄処分になった庇も見つかったのですが、わたしたちの部屋には大きすぎて使えませんでした。

器材を取りつけ、実験室を整備する作業に数ヵ月かかりました。地方教育局の担当者が検査にやって来て、これは文句なしに素晴らしいと折り紙を付けてくれました。準備万端整い、実験開始を待つのみ、となったのです。

が、化学は今なお人気が集まらない科目です。したがって、自慢の実験室にも閑古鳥が鳴いています。しかし、たまに実験が行われると実験室は眠りから覚め、キッチリ結果を出してくれます。

すべての化学の実験が、実験室内で行われるとは限りません。ある日のこと、わたしが学校に来ると、なんだかおかしな臭いが漂っています。何の臭いだかよく分かりません。かつて一度も、かいだことのない臭いだったのです。それも、かすかに漂っているだけ。どうやら、地下室の方から臭って来るようなのです。

芝生の上の語らい

一体、何の臭い？——と、わたしは子どもたちに尋ねました。変な臭いがするんだけど、君たち気がつかない？「いーえ」。本当に、臭わない？「……と思うけど」。わたしが台所を覗くと、あのウイルソン・ギャング団の悪ガキどもがいて、なにやらゴソゴソとやっているのです。わたしが部屋に入ると、連中、天井を見上げながら、ニヤニヤ笑いを誤魔化そうとするのです。

手掛かりはそれだけで十分。わたしは、何か変なものをクッキングしているな、と見当を付けました。そして、クッキングしたものを何に使っていたかというと——。なんと彼らは、地下室の陰でメタンガスの発生プラントを動かしていたのです。

時あたかも一九七〇年代半ば。世界中がエネルギー危機の真っ只中にありました。ひとびとの話題といえば代替エネルギー源をどう確保するか、といったことばかり。やれ水力だ、太陽エネルギーだ、潮流発電がいい、生ごみ発電もいける、といった時代だったのです。そんななかで、とくに注目が集まったのは動物の糞でした。ほかの何より効率よくガスを発生させることができる、というのです。

馬小屋でウサギの飼育を始めた彼らの狙いが何なのか、糞をどう始末する考えなのか、わたしには分かりませんでした。それが、たった今、判明したのです。ガス発生装置を数週間かけて粘り強く組み立て、完成させていたのです。ウサギの糞を発酵タンクで加熱処理し、発生したガスをタンクに集める。しかけは、きわめて簡単です。臭いさえ漂わなければ、地下室のメタンガス製造は、彼らが飽きるまで数ヵ月は続いたことでしょう。

ウイルソン・ギャング団の名誉のために言えば、別に隠し事をしていたわけではない、ということです。教育局との折衝を担当する学校のスタッフから、ちゃんと許可を得て実験を続けていたのです。ところが、このスタッフ、残念ながら化学の知識はゼロ。子どもたちからいろいろ聞かされて、許可してしまったわけです。だから、責めるわけにはいきません。しかし、ハンナのような化学的知識を持つ教師がだれひとりとして、彼らの相談にあずからなかったことは、単なる偶然ではなかったはずです。

悪臭発生源のメタンガス発生プラントは、間もなく撤去されました。

それがどれぐらいの出力だったたか、テストし損なったので残念ながら分かりません。

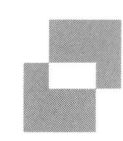

9 廃品回収

異臭騒ぎを引き起こしたメタンガス発生プラントの材料は、実は、あのウイルソン・ギャング団の子どもたちが、サドベリー公営廃棄物処分場から拾い集めてきたものです。学校のキャンパスの芝を何年も刈り続けている動力式芝刈り機の部品もまた、しかり。自転車も車もゴルフカートも、その他諸々の機械類も皆、子どもたちが拾って来たものです。

ハンナは週に一度、例のギャング連中とその仲間を引き連れ、何かいい掘り出し物はないかと、処分場へ調査にでかけます。これはまあ、この学校でも極端な部類に入りますが、発想の仕方はサドベリー・バレー校の伝統に根ざしたものです。中古の品がたくさん出回っていて、中にはタダでもらえるものもあるのに、なぜ新しいものを買って学校に運び込まなければならないか、わたしたちには理解できません。

サドベリー・バレー校の開校にあたって、わたしたちは家具・調度をそろえなければなりませんでした。ふつうの家庭にあるテーブル、椅子、ソファ、ランプ、絨毯といった、ふつうの家具が欲しかったのです。手持ちの資金に限りがあったので、わたしたちは中古家具店を回り、格安の品を探し続けました。

ある日のこと、わたしたちは、サウス・フラミンガムにある「ルーの店」を訪ねました。足を棒にして探し回っているうちにたどりついたのです。わたしたちは経営者のルーに事情を話しました。売りに出ていたフラミンガムの屋敷を買い取り、学校を開くということを。

「いまの話、ほんと？　信じられない」と、ルーは口をあんぐり開け、目を丸くしています。どうしたんです、と聞くと、こんな説明をしてくれました。

「あんた方がそのお屋敷を買った、ちょうど六ヵ月前にね、お屋敷の前のオーナーがうちに来て、家具を引き取ってくれないか、というんですよ。立派な家具ばかりで、おまけにトラック何台分もの量。それだけでうちの倉庫が埋まってしまいましたよ。そこで、こっちも二束三文、捨て値の投げ売り。あれを取っとけば、あんたたちの学校も、向こう十年は家具に不自由しなかったろうに。いや、惜しいことをしました」

ルーはわたしたちのことを気の毒がってくれましたが、こちらとしては、もうガックリするしかありません。こんな出会いが縁になって、それ以来、ルーはわたしたちの学校の家具の面倒を見てくれています。いい品物が入ると、優先的にわたしたちの方へ回してくれるのです。

しかし、わたしたちが手に入れた家具の大半は、買ったものではありません。親たちが家のインテリアを変えるたびに、使用済みのソファや絨毯が学校に届きます。ある日のこと、建築業を営むかたわらサドベリー・バレー校を後援してくれているアラン・ホワイトが、マンションのロビーの改築現場から真っ直ぐ学校に飛んで来ました。大きな絨毯を一枚、それも上等なものを持って来てくれたのです。おかげで、学校で一番大きな部屋が、素晴らしい絨毯敷きの部屋に生まれ変わりました。

まさに、ただより安いものはなかったのですが、難点がひとつ。自分たちで選んで買ったものでなかったので、色がうまい具合にマッチしないのです。そこで、わたしたちとしては配色のバランスを考え、こっちのものをあっちにやったり、向こうのものをこっちに持ってきたり、あれこれ工夫を凝らしたものです。

サドベリーの水辺

学校内で交わされた一番の論争といえば、この室内装飾に関するものでした。生徒も教師も一緒になって、このカラーコーディネーションはどうの、あの色の取り合わせはどうのと、カンカンガクガク、何時間も議論を続けました。これをあげるから、その代わりにそれ頂戴といった具合にやりとりも白熱化し、美的調和の原則などどこへやら、といったふうでした。やがて、このままでは収拾がつかなくなると気づいたわたしたちは、これらの問題を処理する専門の委員会を設けることにしました。最初は、とくに意見が分かれそうな分野の名前をとって「絵画と掛け布の委員会」と名付けたのですが、その後、より一般的な「美に関する委員会」に改称しました。

この委員会で唯一、美的でないもの、それは昔も今も論争の熱気と喧《やかま》しさです。

タダでもらったものは、ほかにも沢山あります。先に紹介した化学の実験器具はその一例に過ぎません。スライドの映写装置は、ある家族が「父の遺品です」といって寄贈してくれたものです。エンジニアだった人で、幼いわが子のため製作したものだそうです。暗室の設備も、その多くが寄付してもらったもの。図書コーナーの本のコレクションも同様です。冷蔵庫も買わなくてすみました。キャンプ旅行のための立派なテントも何張りか、プレゼントしてもらいました。

クリスマス・イブの夜、学校に泥棒が入ったことがあります。わたしたちの唯一の学校財産というべきIBMの電動タイプライターが二台、消えてなくなったのです。バイクやギターを盗まれた子もいました。ステレオのセットも。まったく、とんでもないクリスマス休暇になったものです。困ったわたしたちに、一人の親が救いの手を差しのべ、旧式ながら電動のレミントン（タイプライター）を寄贈してくれました。それは、いまでも、ちゃんと動いています。二台目のレミントンは、タイプライターの店のご主人から頂戴しました。わたしが安い中古品を探してその店を訪ねたときのこと、店の主人に事情を話すと、気の毒がってくれ、それじゃわたしも一台、中古品ですが、とプレゼントしてくれたのです。

それから一年近く、二台のレミントンは大活躍してくれたのですが、使いすぎたせいで、タイプした字の周りにお化けのような影が出るようになってしまいました。さて、またまた困ったと思ったそのとき、またも寄贈者が現れました。こんどはIBMと新式の大型レミントンが一台ずつ、学校に届いたのです。

　寄贈の品がいっぱい届いて、もてあますこともしばしばです。当初、わたしたちは、本であれば古いものでもなんでもいただいていました。そのうち、地下室や屋根裏部屋は、ハーバードやエールなどアイビー・リーグの大学図書館の蔵書に匹敵しそうな貴重な古本でびっしり埋まってしまいました。

　幸いなことにわたしたちは、この処分にお金をかけずにすみました。古書店が引き取りに来てくれたのです。そして、買い取った分の代金を置いていってくれたのです。

　古本の次には、どっとやって来たのが中古の家電製品です。おかげで学校は、まるで電気屋さん。とくに冷蔵庫は品ぞろえが豊富で、各メーカーの品、一通りとりそろえましたので、一度、是非ご覧になってください、といった状況でした。

　事業用の本格的な編み機を六台、提供したいと申し込まれたこともあります。編み機は動くことは動くのですが、かなりの年代もの。寄贈者は、うちの学校の理事者の一人で、大きな編み物会社の経営者でした。編み機を贈れば、学校は子どもたちに編み方を教えることができる。売り物になるセーターをどんどん編んでいけば、学校としてもお金が入ってきて助かるはず、と思ったのです。

　ところが、編み機を六台も入れると、それだけでフロアが半分つぶれてしまいます。せっかくの善意ですから、相手を傷つけぬよう、いろいろ気をつかいながら丁重に申し出を辞退させていただきました。なんて頑固で頭がかたいやつらだ、と思われたかも知れませんが。

ある晴れた春の日、朝一番にジョアンが息せき切って学校に駆け込んできました。「マージはどこ？　彼女をつかまえて、すぐ一緒に行かなくちゃ」。まるで、緊急事態が発生したかのようです。飛び出して行った二人は、それから十分後、意気揚々と引き揚げて来ました。籐椅子を四脚持って。その籐椅子を、ジョアンは学校に来る途中、ごみ捨て場で見つけ、マージに手伝ってもらって一緒に運ぼうと、学校まで駆けて来たのです。ごみ収拾日の朝ですから、収集車がいつやって来るか知れない。先を越されたら元も子もありません。二人が脱兎の如く駆けだしていったわけです。

籐椅子を見て、わたしは言いました。「でも、ちょっと、ガラクタかな。この学校の基準で割り引いたとしても」。

「いいから、ちょっと待って、見てなさいよ」と二人。

わたしは待ちました。そして、見たのです。

いつの間にか、新品同然の籐椅子に生まれ変わっているではありませんか。汚れを拭き取り、ちょっと修繕すれば、ちゃんと使える籐椅子だったのです。わたしはジョアンの鑑識眼に脱帽する思いでした。

二人が回収してきて二時間後、サドベリー・バレー校はピカピカの籐椅子のセットを調度品のリストに加えました。四脚の籐椅子は音楽室に置くことになり、ついでに音楽室の模様替えも行われました。化粧直しをした音楽室に誇らしげに納まった籐椅子たち……。

すべては、たった一日の出来事――。

10　ビジネス事始め

タダでいろんなものが全部手に入るなら、それに越したことはありませんが、そうは問屋が卸してくれません。たとえ中古品であっても、ある程度の額を支払わないと、入手できないのが世の常です。

学校を開くため、わたしたちが購入した屋敷には、旧式の調理用コンロがついていました。折り紙付きの骨董品です。わたしたちは、そのコンロを、そのまま使うことにしました。万が一、クッキングを覚えたいという生徒が出てきても、このコンロさえあれば何とかなると、軽い気持ちでいたのです。ところが、運命のいたずらとはこういうことを言うのか、予想に反して、クッキングに興味を持つ生徒の出るわ出るわ。

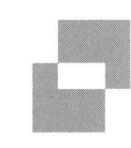

そんな状態が毎年、続くので、わたしたちは腕のいい料理人にスタッフに加わってもらいました。ほかのスタッフたちも、料理ができないわけではなかったのですが、人様に食べていただく腕前ではなかったのです。

いずれにしろ、サドベリー・バレー校では、クッキングが常にビッグなイベントであり続けて来たのです。サドベリー・バレー校の伝説の料理長とうたわれたマーガレット・パーラなどは、三年間、本校で指導したあと、クッキングブックを出版、数千人の読者を喜ばせたほどです。こんな学校ですから、卒業後、料理人のもとに弟子入りしたり、調理学校に進んだりする生徒もいて、それぞれ立派なシェフとして独り立ちしています。

さて、本題に戻って、例の旧式のコンロです。使いだして間もなく、これはそろそろ限界かな、と、わたしたちは思いはじめました。年代物というだけでなく、相当ガタがきていたのです。新しいのと交換しなくちゃならないな、とは思いましたが、今度ばかりは中古のコンロを買う気にはなれません。古いコンロで料理するのは、もうたくさん、といった気持ちだったのです。

こうなると、「特別経費」を捻出して、新品を購入するしかありません。四つの火口にオーブンがついたもの二台分の、お金を用意しなければならないのです。ところが学校の予算には、そのような臨時支出のための「特別経費」は組まれていません。ギューギューに絞ってみたところで、出ないものは出ないのです。

特別に支出するお金ですから、捻出の仕方も特別なものにならざるを得ません。そこで、クッキングに興味を持つ子どもたちやスタッフが集まって相談し、焼き立てパンのセールを続けて資金を集めることにしました。小手調べとして、まず感謝祭協賛セールを行いました。価格リストと注文表入りのチラシを全家庭に送り、予約を取ったのです。手応えもよく、子どもたちは大量の注文のさばき方を実践のなかで学んだのです。

その次は、クリスマス協賛セール。地元のスーパーマーケットが、われらが気高き事業目的に理解を示し、フロアの一画を使用する許可を与えてくれたのです。

子どもたちの一団が前夜、わが家に集合、徹夜の作業を続けました。パンにケーキにビスケット、

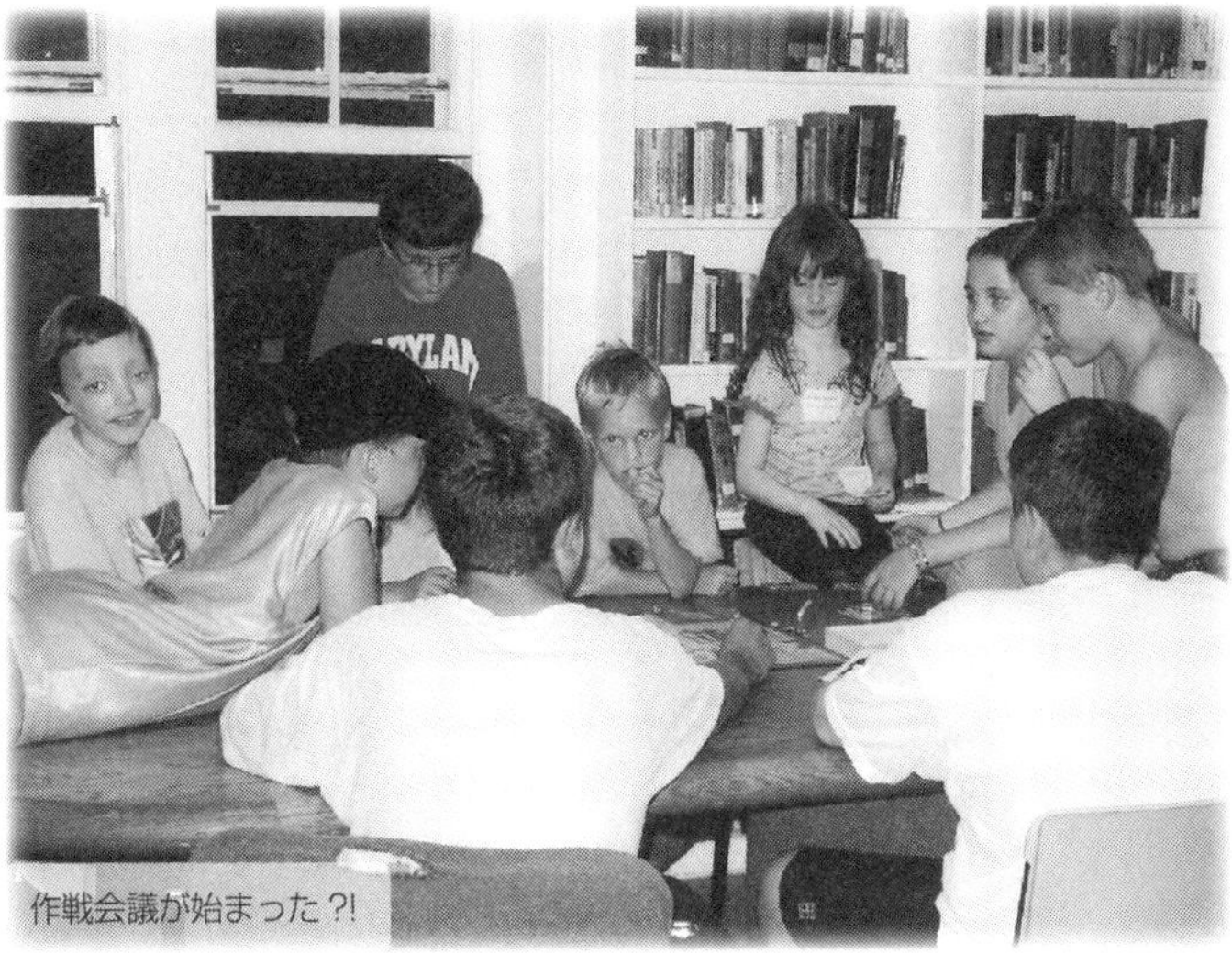

作戦会議が始まった?!

ロールにクッキー、タルトにマフィンのでき上がり。小山のように盛り上がって、美味しそうな匂いを漂わせています。

夜が明けました。これからが、本番です。疲れた体に鞭打ってスーパーまで運び込み、売店の設営です。さあ、ついに開店。売れ行きも順調です。なんと、午後一時までに全部売り切れてしまいました。「即日完売」、大成功です。

こうしたイベントのかたわら、学校の中でも連日、パン焼きセールを続けました。少しずつ、そして着実に、貯金は増えて行きました。ときにはサンドイッチやサラダ、ホットミールも販売して、稼げるだけ稼いだのです。

フィナーレは復活祭協賛セール。再び子どもたちの家庭への売り込みです。これを終えた時点で、新しいコンロを買えるだけの資金が集まりました。

こうしてわたしたちは、サドベリー・バレー校の伝統である、自力本願の「特別経費」支出にこぎ着けたのです。

こうした伝統は今も、ずっと続いています。ですから、これこれしかじかのものを買いたいので資金が欲しいと、全校集会でアピールしても、たいていは「本当にそんなに欲しいのであれば、自分たちで工面する気があるんでしょうね」という反応が返ってくるだけ。はいそうですか、お金を出してあげましょう、ということにはなりません。

リクエストした当事者が全額、自己負担することもありますし、形ばかりの微々たる補助金を手にして満足するしかないこともあります。が、一番多いのは、学校側と当事者の子どもたちが折半して負担する形の決着です。

こうなると、やはり最も手っとり早いのが、食べ物を売る資金稼ぎです。美味しいものさえこしらえれば、確実に売れるからです。おかげで、学校の周辺に住むひとびとは、サドベリー・バレー校の手作りの味に慣れ親しむことになりました。

こうして稼いだお金は、スポーツ行事に使ったり、暗室や皮革工芸のワークショップの費用に回したり、ステレオ装置の購入など、その他もろもろの役に立っています。

食べ物セール以外の資金稼ぎの手段としては、例えば、キャンパスの芝を刈って、その駄賃を木工のワークショップの費用に充てたケースもあります。

資金集めは、同窓生も手伝ってくれるようになりました。学校の予算外でなにか欲しいものはないか、毎年、必ず聞いて来るのです。そして、それに必要なお金を稼いで、プレゼントしてくれるのです。最初はコンピューターを一台、買ってもらいました。続いて、プリンターに本棚、絨毯に家具。納屋の改造費用も、卒業生が面倒みてくれました。

同窓会の資金集めの手段といえば、フラミンガムのダウンタウンで開く裏庭セールが主ですが、サドベリー・バレー校には、もっと大がかりで、もっと楽しい、学校ぐるみで開く資金集めの催しがあります。学校オークションです。生徒たちばかりか、父母、同窓生も、売手、あるいは買い手として参加します。品物が次々に競売にかけられ、競り落とされていきます。心なごむ一大イベントです。

弾む？ 青春！

この学校オークションでは、品物だけでなく「サービス」も競りにかけられます。それぞれの才能、能力を売りに出すわけで、まるでフラミンガム地域の「技能見本市」のよう。弁護士は「遺言の書きかた教えます」、建築家はマイホーム新築・改築のアドバイス、ボートのオーナーは外洋へのツアー、といった具合に、自分が提供できるサービスを競りにかけるのです。

生徒たちも負けてはいません。「庭仕事、一日分」とか「一日いっぱい、赤ちゃんのお守りを致します」を競りに出します。

こんななか、起業家精神も生まれています。そして、それは子どもたちの間に瞬く間に伝染しています。ある日のこと、釣りが大好きな十歳になる子どもたち三人組が、ボートを買おうと決断しました。が、買うにはかなりのお金が必要です。

三人組にとって、考えられる最も確実な資金稼ぎの方法は、学校でパンを売る、でした。パンを売れば儲かることは、すでに実証済み、だったのです。しかし、問題がひとつありました。ボートを買って学校の備品にする、ということではなかったのです。あくまで三人の個人用だったのです。三人は熟慮の末、全校集会にこんな提案をしました。「ぼくたちが校内でパンを売ることを許可していただければ、利益の一〇％を学校に納めさせていただきます。いかがでしょうか？」。

こうして、三人組に対する私的な営業許可は、めでたく認められたのです。無論、これは大人の感覚からすれば、ビッグ・ビジネスとはいえません。しかし、小さな起業家魂にとって、それはそれは実にたいへんな「事業」なのです。

結局、三人組は必要なお金を稼いでボートを手に入れました。続いて、同じ方法でトレーラーを購入する生徒が現れました。その次にはモーターを買う生徒が。

サドベリー・バレー校に新しい伝統が生まれたのです。

11　熱狂、そして流行

　サドベリー・バレー校は、型にとらわれない時代の先端を行くクールな学校です。決められたコースも、学科もありません。すべては、子どもたちの好奇心に始まり、好奇心に終わります。つまり、子どもたちは時間の流れを我が物としているのです。それは中断することがありません。

　一九七〇年代の半ば、レザーワーク（皮革工芸）が全米で大流行しました。わたしたちの生徒も、すぐに巻き込まれました。サドベリー・バレー校には、皮革工芸の達人であるジム・ナッシュというスタッフがいて、最初は木工のワークショップを担当していました。そのジムが指導者になり、生徒たちはレザーワークの腕を上げて行ったのです。

　ジムと子どもたちはすぐさま、全校集会で提案しました。多目的ルームのひとつをレザーショップに使わせてほしい、と許可を求めたのです。彼・女らはやる気まんまん、なかなか迫力のある説得ぶり。こうして、レザーワークに関心を持つ公認のグループが結成され、レザーショップの運営を担当することになったのです。

　どうやればうまくいくか、どこに行けば材料を格安に手に入れられるか、徹底したリサーチが行われました。全校集会で補助金の交付も決まり、資金稼ぎの方もうまく行って、本格的なレザーショップがほどなく開店したのです。

そのころから、わたしたちは、日常の経費支出の節減に工夫を凝らしていました。倹約すればするほど、あとあと助かるからです。

で、このレザーショップを、独立したミニ企業体として運営することにしたのです。

全校集会で交付が決まった補助金も、実はローン。企業の資本金に相当するものでした。それでもって、いろいろな種類の革材料をはじめ、バックルや留め金、ぼたん、その他必要な資材を購入したのです。卸の店から一括購入し、それを校内の使用者に小売りする方法を採ったのです。小売り時の値段は、卸の価格を少しだけ上回る線に設定しました。材料を使った生徒が自主申告して、使用分を支払うシステムです。

やがてレザーショップは、ベルトや札入れ、モカシンにベスト、ブレスレットにアンクレット、それから革パンツまで、生徒たち手作りの革製品で溢れかえるようになりました。学校から借りた金も、ほどなく完済してしまったのです。おかげで、学校側は新たな事業の着手金として、その金をとっておくことが出来るようになったのです。利益も出て、学校として以前から欲しかった物品を時々、買える状況にもなりました。

レザーショップはまさに、その絶頂期においてサドベリー・バレー校の、ひとつの結集軸となっていたのです。毎日、十数人あるいはそれ以上の子どもたちが集まり、わき目も振らず何時間も仕事を続けました。クリスマスの前には、友だちや親類に贈るプレゼントをつくろうと、子どもたちが群れを成して集まり、座る場所もない盛況を呈していたのです。

しかし、流行はすばやく過ぎ去るもの。全米における熱狂が峠を越すと同時に、わがサドベリー・バレー校でもブームは一気に下火になりました。この学校でのレザー・ブームは結局、二年の命。レザーショップは、閑古鳥が鳴くまでになったのです。やがてレザーワークの材料や道具は箱にしまいこまれ、売られて行きました。そして、部屋は以前の多目的ルームに戻ったのです。これといった閉店のイベントもなく、店じまいのプロセスは淡々と進んだのです。

流行にはサイクルがあるということを、わたしたちは肌で知ったのです。このレザーショップの盛衰劇は、その後も形を変え、テーマを変えて繰り返されました。レザーと同様、全米で流行したことに手をつけたこともあります。ビデオゲームがそうでした。スケートも、東洋宗教も、体操も。流行はときに、消え去らずに残り、深く根をおろした関心事へと姿を変えたこともあります。

コンピューターがこの世に躍り出て、その中心的地位を占めるにいたる過程で、わたしたちもまた、オークションで得たお金を元に、一台、買い求めました。

そのアップル・コンピューターは、何年間にもわたって、サドベリー・バレー校のコンピューター・キッズたちに、その電子道具箱の何たるかを教えてくれたのです。アップルを買ってから五年後、わたしたちはより進化したコンピューターを一台、導入しました。学校の事務は今もこれで処理していますし、より腕を上げ、パソコンのエキスパートのようになった子どもたちの相手を務めています。

「時の話題」も、ときにサドベリー・バレー校の全注目を集めるときがあります。

ニクソン元大統領を辞任へと追いやった、ウォーターゲート事件の聴問会のテレビ中継が始まったとき、アメリカ人のほとんどは、テレビの前に釘付けになりました。メロドラマなど及びもつかない、迫力あるドラマが画面の中で繰り広げられたのです。サドベリー・バレー校でも、年上の子どもたちが、学校で一番大きな部屋に一九インチの白黒テレビを据えつけました。間もなく年下の子どもたちも視聴者の輪に加わるようになりました。そして、ついにはスタッフたちも。

テレビ中継された聴問会は、何週間にもわたってアメリカの政治学、アメリカ史、そしてわたしたちが生きる時代の問題の在り処を的確に教えてくれました。実にレベルの高い生きた教材の役割を果たしてくれたのです。そのときの子どもたちの関心の強さ、集中の度合いは、ほかでは見られないほどのものでした。

そんなテレビ中継を見ながら、わたしは、こんな考えにひたったものです。もし、これがサドベリー・バレー校ではなく、ほかの学校だったら、どうだろうと。テレビ中継の時間、おそらく全米のほとんどの学校や大学において、学生や生徒は教科書をはじめ、予め決められた教材に括り付けられていたはずです。それに対して、わたしたちの学校では、目の前で繰り広げられる歴史的事件のなかに、自ら、思う存分浸ることができたのです。ウォーターゲート事件が教科書に載るまで四年はかかるでしょう。そんな先まで、子どもたちの興味が薄れる時点まで待つ必要はさらさらないのです。

聴問会が終わると、学校生活は何事もなかったかのように元の状態に戻りました。部屋にテレビが置いてあったことも忘れてしまったようです。くだんの白黒テレビは、それから一年か二年くらいその場に置かれ、ときどき世間のニュースを伝えていました。そして、とうとう動かなくなってしまいました。

わたしたちが新しいテレビと交換し、再びスイッチを入れたのは、イランの首都テヘランのアメリカ大使館で、大使館員らが人質にとられたときのことです。

12 学校コーポレーション

同じ興味を持つもの同士が集まれば、自分たちで組織をつくる傾向があります。そして組織を持続させ安定させるには、何らかの構造、骨組みが必要です。それがないと、日々の組織の活動を管理・運営していくことができません。

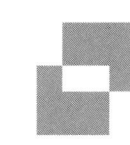

ほかの学校や大学では、クラブとか学部というものをつくって、生徒や学生たちの興味や関心に応えようとしています。けれど、わたしたちは、サドベリー・バレー校にこの種の組織体は必要ないと考えました。自分たちの陣地を守り、惰性だけが頼りの組織体のイメージは、魅力のないものでした。「学び」と「教え」が自由に流れ出るサドベリー・バレー校にはふさわしくない、と思ったのです。

一九六〇年代の初め、わたしは、「七人姉妹」と呼ばれるアイビーリーグ有名七女子大のひとつで物理学部に所属し、教えていました。物理学部は、四階建ての研究棟にあって、広いフロアの半分を使っていたのです。その女子大の学生数は、わたしが勤め始めたころ、すでに千人を超えていました。ところが、物理を専攻する学生はたったの五人。それも、通りをはさんで向かい合う男子のカレッジで、物理のコースのほとんどを取っていたのです。しかし、わが学部は空き家同然のスペースを抱えながら、フロアの占有を続けているのです。学生が増え、スペースが必要になって、新しいビルをどんどん建てなければならないときに、このありさま。わたしはこうした不合理を、ほかのいろいろな場所で目の当たりにして来ました。

こんなふうに議論を進めると、大学の学部のような組織は嫌というのは分かったけれど、それなら、サドベリー・バレー校はどんな組織体だったらOKなの？——という質問が次に出てくることでしょう。その問いに対する答えが、「学校コーポレーション（School Corporation）」という、まったく新しいアイデアなのです。

「学校コーポレーション」を結成するには、全校集会の承認が必要です。そして、なすべき任務が与えられます。もちろん、何事も自力でなし遂げるのが原則。資金が必要になったり、新たに学校の設備を使いたくなったときだけ、全校集会でアピールすることができます。関心のある人なら誰でも参加できます。学校当局と交渉するパイプ役として「取締役ディレクター」を選出しますが、参加者全員で自主的に運営します。サドベリー・バレー校では、この「学校コーポレーション」が正式な組織体として、大学の学部的な働きをします。

特長は三つあります。第一は、だれに対しても開かれていること。第二は、デモクラティックに運営されていること。第三は、その使命が終わったとき、潔く優雅な死を遂げることです。

この「学校コーポレーション」のアイデアが生まれ、設立方法が全校集会で決まると、好奇心を結集軸に、子どもたちの組織づくりがあらゆる関心領域で一気に加速しました。数ヵ月もたたないうちに、先に紹介した皮革工芸をはじめ、芸術&画材、彫刻&陶芸、音楽、歌唱、キャンプ、ハイキング、化学、室内遊び、木工、オーディオ・ビジュアル、写真といった「学校コーポレーション」が、次から次へと生まれていったのです。まさに百花繚乱《りょうらん》。我が道を行く、ゴーイング・マイ・ウェーよ、万歳、といった感じでした。

「学校コーポレーション」を創設した子どもたちの狙いは、この組織の名で学校側から資金援助を引き出すことでした。フォーマルな組織にすれば援助を受けやすくなるはず、と踏んだのです。実際、全校集会で個人的に資金援助をアピールしても相談には乗ってくれますが、ぎりぎり絞られるだけで、結局は「その必要なし」となり、拒絶されることが多かったのです。これが、「学校コーポレーション」からの正式な要請であれば、扱われ方が違うはずと期待したのです。

が、目論見は見事に外れてしまいました。全校集会に対する「学校コーポレーション」からの資金要請アピール一号議案は、きびしい審査にさらされ、結局、葬り去られたのです。これ以外の資金援助の訴えも、そのほとんどが、あえなく討ち死にしてしまいました。

そうこうするうちに、「学校コーポレーション」の活動も落ち着くところに落ち着いて行きました。しかし、いくつかの「学校コーポレーション」は、その後、数年にわたって迷走し続けたのです。

たとえば、「オーディオ・ビジュアル（ＡＶ）・コーポレーション」は最初のうち、活発に活動していました。参加する子どもたちも沢山いて、映画や録音・再生装置、特にポータブルＴＶカメラに夢中になっていました。ところが、ブームもそれまで。子どもたちの関心はＡＶから離れてしまったのです。遂には、メンバーがたった一人というありさまに。その一人が、自分をＡＶコーポレーションの「取締役ディレクター」に自選する状態が、その後、何年も続いたのです。学校コーポレーションには、とくに最低の参加者数の決まりはなく、それはそれで構わなかったのですが……。

しかし、「ＡＶコーポレーション」の彼が全校集会で資金援助のリクエストをしても、わたしたちとしては、真顔でこたえるのが精一杯でした。結局のところ、この生徒は個人以上の何者にもなれなかったのです。そんな状況に終止符を打ってくれたのがステレオでした。ステレオの登場が、「ＡＶコーポレーション」を再び活動の中心へと押し上げてくれたのです。

エネルギッシュに活動する中心的メンバーが何人かいる「学校コーポレーション」もあれば、一人の生徒が引っ張る「学校コーポレーション」もあります。レザーショップの場合、その活動が頂点のときはメンバーが十五人もいました。それが「木工コーポレーション」だと六、七人。「写真コーポレーション」は人気の上がり下がりがあって一定していません。「クッキング・コーポレーション」は常時、かなりの数の活動的メンバーを抱えています。

学校の運営にかかわるコーポレーションもあります。「学習ソース」のコーポレーションは、常駐スタッフが対応しきれないほど多彩な子どもたちの要求にこたえるため、外部の人に講師になってもらったりしています。こうして助っ人に来た人が、そのまま常勤のスタッフになってしまったこともあります。

「ライブラリー」のコーポレーションは、学校の図書を管理しています。「プレス（出版会）」のコーポレーションは、学校刊行物の印刷、配布を担当しています。

参加者がゼロになって、解散したコーポレーションも数多くあります。以前、紹介した「レザーショップ」は、サドベリー・バレー校における解散第一号でした。「室内遊び」も数年、持ったでしょうか。一時、全米が熱狂した「Ｄ＆Ｄ」というロールプレーイング・ゲームのコーポレーションの場合も、流行のサイクルが閉じると同時に雲散霧消したのです。芸術関連のコーポレーションが「工芸」と合併したこともあります。

「スポーツ」のコーポレーションは変わっています。定期的に、解散しては灰のなかから甦るのです。最初に「スポーツ・コーポレーション」を結成したのは、運動が大好きな連中でした。ところが、器具の管理・購入・整理をしているより、ゲームをしている方がよっぽど楽しいらしく、コーポレーションの仕事などほったらかし。次々に脱会して、自然消滅してしまったのです。しばらくして、全校集会の場で、器具の管理でもなんでも、やることはやると大見得を切ったグループが出てきました。これも、一年続いただけ。

そしてその数年後、再び新しいグループが現れました。そして、前回、前々回と違って、こんどこそ絶対・確実・積極的に共同行動をとり、スポーツ器具の管理にも責任を持ちます、と胸をたたいて見せるのです。

サドベリー・バレー校の全校集会は、この三代目スポーツ・コーポレーションのメンバーに対し、学校として新しいスポーツ器具を購入するので、「スポーツ・コーポレーション」としても資金を分担するよう求め、返事を待ちつづけました。一年待ったところで、例によって解散です。そんなことがその後も繰り返され、いまの「スポーツ・コーポレーション」で遂に五代目です。

スポーツの夢は果てしない、ということなのでしょうか。

偉大なるアウトドアのスポーツには、秩序とか組織とかいうものを一笑に付す、何かがあるのかも知れません。

13 銀行口座

サドベリー・バレー校で、子どもたちの個人支出を管理する必要性が生まれた場所、それはキッチンでした。

最初は料理をつくるのに、材料をみんなで持ち寄っていたのです。しかし、これがなかなかうまく行かない。準備しなければならない材料がたくさんあって、忘れてくる子が結構いたのです。そこで、一人の子どもが買い物のすべてを取り仕切ることにしました。

このやり方は、材料の調達にかぎっていえば、うまく行きました。しかし、まずい面も出てきました。材料を買うためのお金を忘れてくる子がときどき出て来て、買いに行けなくなることがあったのです。正直言って、お金を忘れてくる子がいたほうが、わたしたちにとっては大助かりでした。そのときばかりは、お金の計算から釣り銭の清算、現金の管理まで、とにかく金・金・金に追いまくられなくて済むのです。

やがて、子どもたちとスタッフ全員が「個人口座」を開く斬新なアイデアが生まれました。学校が、ひとつの小さな銀行になったわけです。個人の口座に、あらかじめ十ドルなら十ドルを入金しておいて、それを各自が引き出して決済するわけです。

わたしたちはまた、街の文具店で小切手帳そっくりの領収書のつづりを見つけました。これだ！これを学校で小切手代わりに使えばいい、とわたしたちは思い立ちました。

「個人口座」は、普通預金の口座から当座預金の口座に変わったのです。支払いは小切手を切るだけでいい。そして、誰かが口座の管理者になって、週に一度、小切手を個人ごとに決済し、口座から引き落とすのです。学校の中での現金のやりとりは、これでなくなったのです。

本当のことを言いますと、最初、わたしたちがトライした個人口座のシステムは、ちょっと違っていました。子どもたち一人ひとりの口座に学校側が年に十ドル入れ、各自に引き出して使ってもらうやり方だったのです。自分で自分の口座に十ドル入れるシステムではなかったのです。

わたしたちは、子どもたちにこう言いました。「君たちの口座に入ったお金は、この学校で購入しなくちゃならない教材のためのもの。この学校には手持ちの教材があまりないので、君たちが支払った授業料の中から十ドル、口座の方に回しておいたので、何か入り用なものが出てきたら引き出して使ってほしい。ただし、十ドルを超えたら自分で入金しておくこと」。

一応は理に叶ったシステムだったわけです。ところが、実際にはうまく行かなかった。いわゆる「ただメシ食い」の心理の罠にはまってしまったのです。

子どもたちは、自分の自由になるお金が十ドルあり小切手で支払えると知った途端、どんどん使い始めたのです。小銭も使ったことがない子が、けっこうな値段のするいろんなものに関心を示すようになったのです。買いたいものがなく、黙ってお金を寝かせておくことが、まるで愚かなことのような錯覚が生まれてしまいました。

わたしたちは自分たちの哲学に従って、学校側が子どもたちの支出の中身をいちいちチェックするようなことはしませんでした。「子どもたちの自由裁量に任せたのだから、それはそれであくまで尊重しなければなりません」と、わたしたちは苦しい言い訳をしていたのです。「自分の判断で決めるのが筋。それ以外の何ものでもありません」などと、突っ張っていたのです。もちろん、わたしたちは、子どもたちがどんなものを買っていたか、わかっていました。学校の帳簿もファイルもすべてオープンだったからです。

子どもたちがロックのレコードを買いだしたときには、さすがに神経が過敏になったスタッフもいたようです。教育的な必要性の概念を少々、逸脱したように思えたからでしょう。やがて、子どもたちの間に「教材」の新しいコンセプトが生まれました。

ピザです。こうなると、どうにかしないといけません。

全校集会に諮った結果、学校の予算から子どもたち個人の口座に入金すべきでないという結論で一致しました。十ドルの「ボーナス支給」は取り止めとなったのです。

しかし、口座そのものの運用は順調に推移しています。学校コーポレーションが自分たちに必要なものをまとめ買いして、個々のメンバーが使用分を小切手で支払うといった使われ方もしています。まとめ買いだと安くなりますし、品物の在庫の管理もしやすくなるわけです。

もちろん、ご懸念のように、口座がパンクすることもしばしばです。そんなとき、小切手は不渡りになります。それは学校の外の、ふつうの経済社会と同じことです。サドベリー・バレー校にも経済の論理が貫徹しているのです。

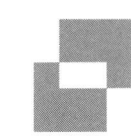

14 クッキング

フレッシュな焼き立てパンのアロマが、部屋に漂いはじめました。

キッチンには子どもたちが集まり、オーブンからパンが取り出されるのを、いまかいまかと待ち構えています。もう少しでマーガレットがパンを厚く切りわけ、ほかほかスライスを売り始める時間。儲けはすべて「クッキング・コーポレーション」のものです。パンの値段にはバター代が込みになっています。

焼き立てパンのセールは、サドベリー・バレー校で年中を通してお目にかかれる光景です。パンのほかピザにケーキ、パイにクッキー、ビスケットが、マーガレットの豊饒なる台所から生まれます。もっと手の込んだ料理もどんどん出てきます。そして、育ち盛りの子どもたちのお腹のなかに納まるのです。

全員がキッチンに並んで順番を待っているわけではありません。マーガレットの仕事を助ける子どもたちもいます。自分が食べたいものをつくってもらうため、手伝っている子もいます。マーガレットが、「こんどの火曜日のメニューはこれこれ、手伝ってくれる子は貼り紙に名前を書いてちょうだい」と、お触れを出すこともあります。

しかし、それにしても、なんて素晴らしい光景なのでしょう。幼い子どもたちが手伝っている日があるかと思うと、次の日はティーンエイジャーたちの出番です。でも、大抵は年上も年下もない混成部隊。背が高い子も低い子も、一緒に並んでお手伝いしています。手際のいい子もいれば、愚図な子もいます。テキパキした子もいれば、スローな子も。知識豊富なベテランもいれば新米もいるという、バラエティー豊かな顔ぶれです。

みんなマーガレットと一緒に仕事をして、御馳走の作り方を習い、できたてのおいしい料理に舌づつみを打つ魂胆です。材料代を負担した子は、出来上がった料理を家に持ち帰ることも出来ます。ラザニアをつくって家の夕御飯にしたり、デザートを家族分作って持っていく子もいます。しかし、大半は学校での食事に供されます。おかげで「クッキング・コーポレーション」の口座の残高は膨らむ一方です。

サドベリー・バレー校の料理長マーガレットは、引退するまで十六年間、この学校でユニークな役割を果たしてくれました。素晴らしいシェフであり、偉大なる教師でもあったのですが、彼女のほんとうの得意技は、その知恵の深さにあったのです。

アメリカ中西部の農家に生まれ育った彼女は、海軍士官と結婚、一九三〇年代から四〇年代にかけて七つの海を渡ったのです。当時はまだ、家族の引っ越しを援助する海軍のバックアップ体制が充実していませんでしたから、彼女としては自力でやり遂げるしかなかったといいます。彼女が海軍の裏話や海軍言葉に詳しくなったのは当然ですが、同時に、人間に対する深い洞察力を身につけたのです。

子どもたちのマーガレットへの尊敬と興味は尽きませんでした。だれもが彼女を慕っていたのです。反抗精神旺盛な十代の子どもたちにとっても、彼女は「最愛の仲間」だったのです。彼女も、そんな彼・女らを対等の人間とみなし、いっしょにタバコふかして、何時間も語り合っていたものです。子どもたちがちょっと揺らいでいるなと気づいたら、躊躇することなく、自分の心の一片を彼・女らに差し出すのです。

尊敬をもって生徒たちと付き合う人でした。そうした態度は、たとえば六歳の子どもに対しても同じだったのです。「小さな大人」として、幼い子どもたちを遇していたのです。キッチンのあとかたづけがいい加減だと、すぐさま彼女の声が響きわたります。彼女に格言や警句でいさめられると、さしもの腕白どもも、仕残したことに気づくのです。

マーガレットにとって、「百聞」はまさに「一食にしかず」です。人生の真価がそこにあるのです。食べることと、クッキングにあるのです。彼女の言う通り、「食」とはなんと素晴らしいことか。

クッキングはまさにサドベリー・バレー校の中心的な活動です。いつの年も、どんな季節でも、学校生活の中心を占めています。マーガレットの指導の下、つねに最高のものを求め、一生懸命に努力する同志的な伝統が培われたせいです。

マーガレットは料理づくりの間、無駄口を許しませんでした。どんな幼い子でも、全身全霊を挙げて取り組まなければならなかったのです。

だれもがリンゴの皮を剥き、材料を秤にかけ、ミックスできるようになりました。オーブンの使い方も身につけたのです。もちろん、皿洗いや後片付けも、しっかり出来るようになりました。料理の出し方、下げ方も堂に入ったものです。作業の一切は彼女の監督下、油汚れひとつないピカピカのキッチンで始まり、ピカピカのキッチンで終わるのです。

マーガレットをモデルにして、子どもたちが自ら独力でクッキングに挑戦するようになりました。「クッキング・コーポレーション」から「一人前」と認められた子どもたちが、単独あるいはグループで、自慢の料理をつくるのです。

料理が得意なスタッフたちが、子どもたちと一緒にクッキングに精を出すこともあります。ときどき、「パン焼き」「中華」「料理の基本」といった料理教室を共同で開いたりもします。

エキゾチックな料理に挑戦するスタッフもいます。ときには、とんでもないエキゾチックなものに……。バーバラの場合がそうです。彼女ときたら、自然食志向の栄養研究家なのですが、好みの自然食がまさに「自然」食なのです。ホール・ウィートの小麦粉（全粒小麦粉）をカップに一個、とか、純粋なハチミツをスプーンに一杯、といった「健康食」レベルの話ではありません。甘味料はひとさじたりとも加えちゃだめ、おまけに徹底した菜食主義でないといけません。それもとりたての新鮮なものでなければ……。熱を通す場合も、とにかく最低限にしないと気が済まない人なのです。ライ麦の全粒粉で作った、甘味のいっさい入らないキャロット・ケーキなどというデザートを作る人を、わたしは寡聞《かぶん》にして彼女のほかには知りません。

そんなバーバラですが、どんな年齢の子どもに対しても素敵な接し方をするので、誰からも愛されています。ですから、彼女がいついつ何々をクッキングします、と掲示すると、子どもたちは次々と自分の名前を参加希望者の欄に書き込んで行きます。彼・女らは、バーバラと一緒にいるのが大好きなのです。

しかし、バーバラを手伝って作ったものを食べる段になると、挑戦者精神が必要です。たとえば、一見チョコレート・ケーキ風のものが出来上がったことがあります。実はライ麦にオート麦、ヒマワリの種に小豆の粉、イナギマメを混ぜ合わせ、ベーキングパウダーで砂糖も蜂蜜も加えず焼き上げた代物。チョコレート・ケーキとは似ても似つかない味だったことは言うまでもありません。

サドベリー・バレー校には「アイスクリームの日」があります。毎年、六月のその日が来ると、人力で把手《とって》を回す古い機械でアイスクリームをつくるのです。

そんな伝統を残してくれたのは、もちろん、あのマーガレットです。彼女は生まれ育った農家で、幼いころからアイスクリームをつくっていたそうです。

生のクリームに氷、岩塩。材料がそろったら、作業開始です。

はやくも、興奮の渦。アイスクリームをかき混ぜる把手は、子どもたちが交代で回していきます。最初は幼い子から把手を回します。あとになればなるほど力が要るからです。そうして午後二時半、サドベリー・バレー校特製のアイスクリームの出来上がり。

そのころには、順番待ちの長い列ができて、キッチンのアイスクリーム製造機の前からほかの部屋へと続いていますす。初夏の昼下がり、みんなでアイスクリームを食べることぐらい楽しいことはありません。

キッチンのあとかたづけもまた、楽しからずや、です。

15　年齢ミックス

「年齢ミックス」は、サドベリー・バレー校の秘密兵器です。

現実の世界で人々は、年齢別に、一年の違いで分けられて生活しているわけではありません。同じ年齢だから子どもたちは同じ関心、同じ能力を持っているはず、と決めつけることはできないのです。子どもたちの自由にさせておくと、あることにすぐ気づきます。子どもたちはミックスするのです。自然と混じり合うのです。ふつうの大人たちのように。

以前、わたしはサンドイッチの作り方を教えるセミナーを開いたことがあります。十二歳から十八歳まで、いろんな年齢の子がセミナーに集まって来ました。年齢の壁など、クッキングによって簡単に乗り越えられるものなのです。

それから何年か経って、現代史を教えたときのことです。十六、七歳の子どもたちに混じって、十歳になるアドリアンも、わたしの授業を聴いてくれました。

サドベリー・バレー校の原則は、いつだって同じ。年齢のことなど気にせず、何かしてみたいことが出てきたら、したらいいのです。やってみて構わないのです。問題は、好奇心があるかどうかです。活動が上級レベルに達すると、今度は技術《スキル》が問題になります。といって、年上の子が必ず技術も上、というふうにはなりません。年下の子の方が上手というケースも、けっこうあるのです。学びの技術、進み具合がバラバラなとき、愉快なことが起きます。子ども同士が助け合うのです。助け合わないと、グループ全体として遅れてしまうからです。お互い競争したり、いい点の取り合いをしていないので、助け合いの精神が育つのです。それに仲間を援助し成功することは、とても満足のいくことなのです。だから、子どもたちは相手を助けることが大好きです。

援助し合っている子どもたちの姿を目にすることは、ほんとうに嬉しいものです。一度、この学校に来てみてください。どこに行っても「年齢ミックス」があなたを歓迎することでしょう。

「年齢ミックス」は、子どもたちの感情を豊かにしてくれます。夕方近く、十六歳の生徒が、長椅子に座って六歳になる子に本を読んであげています。静かな語り口、体を寄せ合いながら……。十六歳にとって、それはとても大事なことです。それは六歳の子にとっても同じです。いつも近くに大きな子がいて、自分はいつも守られている、という安心感と深い信頼。こういう感情に浸れることが大切なことなのです。

あるいは、十二歳の女の子が四つ年上の子にコンピューターの初歩を一生懸命、説明しているシーンを思い描いてください。その女の子に、どれだけの自信が生まれていることか。

「年齢ミックス」は、子どもたちの社会性を育てます。サドベリー・バレー校の子どもたちが、初の校内ダンス大会を計画したときのことです。計画を聞いてわたしは、飾りでいっぱいのダンス会場を思い浮かべたのです。

あれは、わたしが中学のとき。初めて学校でダンス大会が開かれたのです。皆さんも多分、中学で初めてダンスをしたのではないでしょうか。それはともかくとして、わたしたち男子は部屋のこちら側、女の子は反対側の端にひとかたまりにされたことを覚えています。

が、サドベリー・バレー校の子どもたちは大違い。これにはもう、本当にビックリさせられました。みんな自由に、心からダンスを楽しんでいるのです。年齢が十歳離れたカップルもざら。七歳の男の子など、十五歳の女の子とパートナーを組んで、ダンスのコンテストに優勝しました。参加者はみな、時の経つのを忘れ踊り続けたのです。そこには、年齢の差などありませんでした。

一番幼かった子も、時が経てば最年長の子になる——それだけのことです。人生のパターンとは、そういうものなのでしょう。

ところで年上の子は、年少の子のモデルになります。理想の存在であったり、ときには神様であったりします。その一方で、それと同じくらいの頻度で「反面教師」の役割も引き受けるのです。

「ぼくは七歳のとき、先輩たちと行動をともにしたけど、よかったと思う」と、わたしの息子のマイケルが言いました。彼が十八のときのことです。

「先輩の姿を見て、してはいけないことを学ぶことができたんだ。だから、同じようなことをして体を悪くしたりしなくて済んだ」

サドベリー・バレー校の幼い子どもたちは、年上の子どもたちにとって、いわば家族の一員です。

小さな妹、弟のような。ときには、まるで「わが子」のように可愛がられたりします。

四歳でこの学校にやって来たシャロンの場合がそうでした。彼女は、両親を亡くしたばかりだったのです。そんなシャロンを、サドベリー・バレー校のだれもが「わが子」のように可愛がりました。お話を読んで聞かせたり、いっしょに遊んだり、お喋りをしたり。お母さんがするように、シャロンのことを抱きしめた子もいました。

もちろん、シャロンばかりが大切にされたわけではありません。たまに卒業生が赤ちゃんやヨチヨチ歩きの子どもを連れて来たりすると、十代の生徒がさっそく、お守《も》りを買って出てくれるのです。そうやって、何時間も一緒に遊んでいるのです。


「年齢ミックス」は、学習の面でもプラスです。子どもたちは、ほかの子から教わるのが大好きです。何よりも、その方が簡単だからです。先生役の子どもの方が、わたしたち大人の教師よりも、教わる方にとっては身近な存在なのです。それに先生役の子も、つい最近、同じ問題をくぐり抜けたわけで、何が問題なのかよく知っています。説明の仕方も、大人より子どもの方がシンプルでベターです。おまけに、教わる子が余計なプレッシャーを感じなくて済む。大人に「判断」される煩わしさがないのです。いい意味で刺激を受け、先生役の子に早く追いつこうという気にもなるわけです。

相手に教えることも、子どもたちは大好きです。教えることによって、自分のかけがえのなさ、達成感を味わうことが出来ます。しかし、それ以上に重要なことは、教えることを通して問題のよりよい扱い方を身につけることができる、ということです。問題を整理して核心に一気に迫れるようになるのです。教えようとすることで頭のなかがクリアになり、教えられる方も理解が進むのです。

サドベリー・バレー校の秘密兵器である「年齢ミックス」は、強烈な威力を持っています。それは、子どもたちの学ぶ力、教える力を飛躍的に引き上げているのです。

「年齢ミックス」は躍動し、しかもリアルな人間環境を創造しています。

サドベリー・バレー校がよく「村」に譬《たと》えられるのも、そのためです。だれもがミックスし、学び合い、教え合っている村なのです。あるものは誰かのモデルになり、相手を助け、ときには叱りつけます。みんなが生活を分かち合っている村なのです。何と素晴らしいイメージではありませんか。

ここでは大人たちも、子どもたちから沢山のことを学んでいます。そうした体験のひとこまを、わたしの妻のハンナが「ブナの木」というエッセイに書いています。子どもに教わるという意味を、これ以上あざやかに書き記した例をわたしはほかに知りません。ここに、その全文を紹介しましょう。

ブナの木

素晴らしい秋晴れの朝、わたしは初めて、そのブナの木を「見た」のです。このサドベリー・バレー校に十八年もいて、そのブナの木のことを、ほとんど毎日のように見てきたのに、それを初めて見たとは奇妙な話かも知れません。でも、それは本当のことだったのです。毎年、秋になると、そのブナの木は葉の色を赤く変え、やがて地上に落ち葉を降らせるのです。枝と幹の骨格が現れ、冬の間、その威厳に満ちた姿をわたしたちに見せてくれるのです。春になると、新しい芽が枝の先に顔を覗かせ、全体が薄いピンク色に包まれます。それが、いつの間にか深いグリーンに変わっていく。

その大きなブナの木を舞台に幼い子どもたちが木登りする様を、わたしは何世代にもわたって眺め続けて来ました。枝をつたって、どんどん上へ登っていく。なかには梢の近くまで達する子どもたちもいました。そのまま、何時間も枝に腰掛けている。

そんな姿をいつも目にしていたはずなのに、実は何も見ていなかったのです。

そうしてつい先週、わたしは生まれて初めて、そのブナの木を本当に「見た」のです。見て、ついに理解したのです。

大人のわたしは、「木を経験する」ということを、ついぞ知らなかったのです。一人の少女に教えられるまでは……。そのいきさつは、こうです。

ある日のこと、幼いシャロンが顔を輝かせて、わたしのところに言いに来ました。とうとう、あのブナの木に自力で登ることができたというのです。ジョイスに教わった通りにしたら、うまく行った。このわたしにも、登り方を見せてあげる、というのです。わたしは、シャロンと一緒にブナの木のところへ向かいました。彼女の喜びを分かち合いたいと思ったからです。それに、その日の朝はとても素晴らしかった。見事な紅葉が鮮やかな色彩を放ち、葉の上の露が日光にキラキラ輝いていました。

シャロンはブナの木にいったん攀《よ》じ登って、すぐ下りてきました。そして、わたしに、真似をして登りなさいというのです。わたしはそれまで、何人もの子どもの木登りを手伝ったり、木から下りるのに手を貸したりしてきましたが、自分で登ろうと思ったことは一度もありません。

わたしはシャロンに「ノー」と言おうかと思いましたが考え直しました。彼女のためにも、ここは挑戦するのが筋ではないかと。なかなか攀じ登れないわたしにシャロンは、どうすれば足をひっかけて体を持ち上げることができるか、下りるときはどうすればよいか、何度も何度も辛抱強く実演してみせてくれたのです。おかげでわたしも、ついに木登りに成功です。

一段登ったところで、わたしは感動しました。わたしを乗せてくれている枝の見事な美しさに打たれたのです。その力強さと居心地のよさ。あるいは、わたしを包み込む畏れに似た思い……。

わたしがブナの木を初めて「見た」といったのは、そういうわけだったのです。「見た」と表現するほかない何かを、わたしは感じたのです。

わたしたち大人はともすれば、自分たちのことを物識りだと思っています。そして、子どもは学ばなければならないし、教え込まれるべきと考えています。が、それこそ、おおきな間違いなのです。木登り上手なサドベリー・バレー校の子どもたちは、これほど素晴らしいことにどうして大人たちは気づかないのか、不思議でならないことでしょう。

シャロンはわたしのよき教師でした。彼女が教えてくれたことに、わたしはきっと、生涯感謝し続けるに違いありません。

16 遊び

一月、二月と経つうちに、「村」はしだいに形をなし始めました。いまでは、日に日に「村」らしくなって来ています。美術室から運び出したテーブルの上に、「村」が広がっているのです。彫塑《ちょうそ》用の粘土でできたミニチュアは、本物と見紛うばかりです。

六、七人の子どもたちがテーブルを囲んで、お喋りしながら、何時間も作業に集中しています。自分がつくってみたいものを、精巧な粘土のミニチュアに仕上げていくのです。馬、木、トラック、家畜、柵、そして村人……。

単なる塑像ではなく、非の打ち所がない縮小モデル。自動車のボディの中には、ちゃんとエンジンがついています。エンジン・ルームのフードも、着脱可能。それだけ精巧に出来ているのに、手のひらに入るミニサイズなのです。村人たちは指の先まで細工が施されていて、服装もリアル。屋根はタイル貼りで、壁にはドアが設けられ、部屋のなかにはちゃんとテーブルと椅子が置かれているのです。すべて粘土細工。子どもたちがゲーム感覚でつくったものなのです。「村」の完成まで、最終的に二年以上の月日が流れました。

製作チームの年齢は八歳から十四歳。その多くは男子でした。粘土細工に没頭する彼・女らに、「美術、勉強してるんだね」と声をかけたスタッフは一人もいません。「村」づくりの感動を「美術の学習」に矮小化することは、彼・女らに対する侮辱も同然でした。

すべては、誰の教えも請わず独力でなし遂げたもの。当事者にとって、それは楽しい「遊び」だったのです。集中力が途切れない真剣な遊び。中途半端に終わらない喜びとしての遊び――。

サドベリー・バレー校で学ぶ子どもたちは、世代ごとに真面目なクラブをつくって来ました。ふつうは九歳か十歳ぐらいでクラブをつくり、一年から二年続くのが相場です。ときには、もっと年下の子を仲間に加えることもあります。

ところで、クラブになくてはならないのがクラブハウスです。サドベリー・バレー校のクラブハウス第一号は、森の奥にある古い掘っ建て小屋でした。それが倒壊したあと、子どもたちが集まったのは馬小屋の一室です。その次は母屋のクローゼットがクラブの根城になったのです。このクローゼットが消防規則に触れて使えなくなると、こんどは「秘密」のスペースを見つけてアジトづくり。古い絨毯や椅子、テーブル類を、こっそり運んで溜まり場にしたのです。

儀式が執り行われ、クラブの活動計画が練られ、スパイが放たれて見張りのガードが警戒に立ちます。こうなると、複雑きわまりない陰謀の世界――。そんな想像の世界のなかで子どもたちは、神経を集中させながら絶えず活発に動き回るのです。

学校での遊び――それは、子どもたちの真剣なビジネスです。子どもたちにとって、遊びとは常に真剣なものだ、とわたしは考えています。

ところが、プロの教育家にとっては、遊びは逆に頭痛の種。子どもたちが、ものすごいエネルギー

遊び場は光を浴びて……

と知性を学業にではなく遊びに注ぐからです。このため教育心理学者のなかには、辻褄合わせで「学習の中における遊びの効用」を説く人も現れる始末。「身体的な技術を学習するうえでの遊びの意義」や「創造的な問題解決法を学ぶうえでの遊びの重要性」といった、もっともらしい言い方が出てくるわけです。

しかし、サドベリー・バレー校では、遊びとは生活の一部なのです。学びの主要なファクターのひとつなのです。

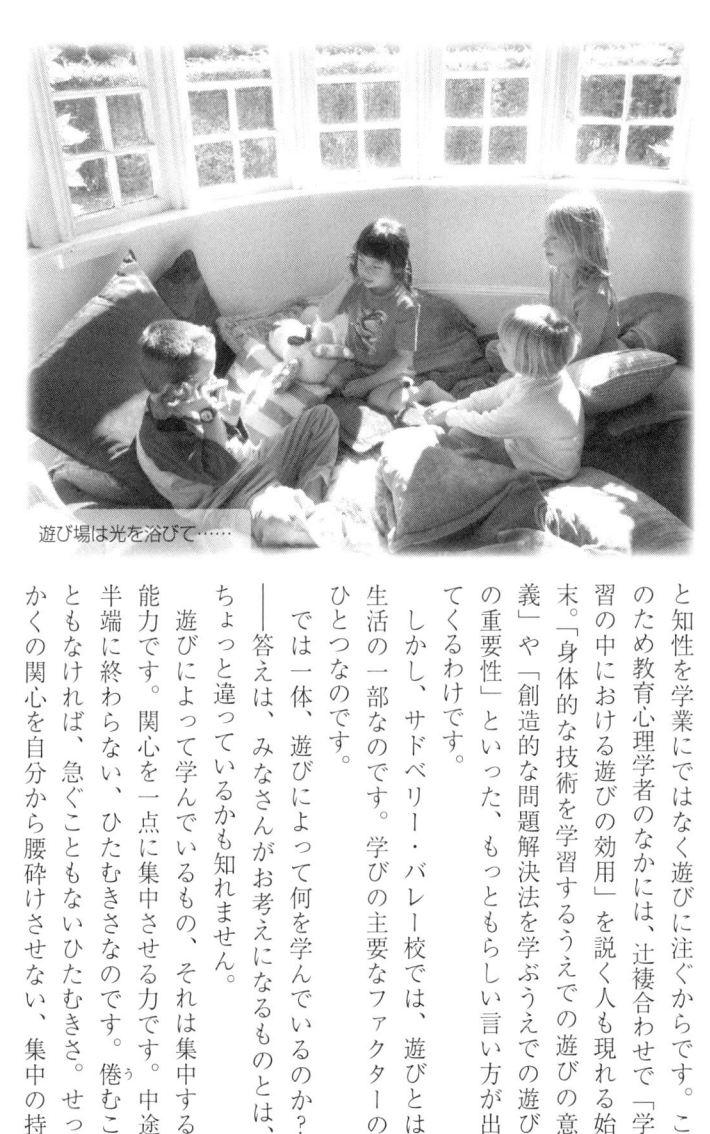

では一体、遊びによって何を学んでいるのか？

――答えは、みなさんがお考えになるものとは、ちょっと違っているかも知れません。

遊びによって学んでいるもの、それは集中する能力です。関心を一点に集中させる力です。中途半端に終わらない、ひたむきさなのです。倦《う》むこともなければ、急ぐこともないひたむきさ。せっかくの関心を自分から腰砕けさせない、集中の持続なのです。こうした「遊びのレッスン」は、人生のなかできっと役立つものなのです。

サドベリー・バレー校では、食べるのも忘れて遊び続ける子がけっこういます。とくに幼い子に多い。お昼を忘れ、午後遅くなってから、おなかいっぱい食べたりします。そして、家に帰って夜ぐっすり眠る。遊ぶだけ遊んでいますから、バタンキューです。

子どもたちは自分から遊びを工夫してくれるので、その分、遊び道具やオモチャが安上がりで済みます。

この学校の開校準備に追われているころ、わたしたちはなけなしの予算をはたいて遊びの道具を買いそろえたものです。とくに、幼児たちに必要と思われるものを買い込みました。保育所や幼稚園などでお目にかかれる、あの遊び道具一式です。ところが、開校して間もなく、わたしたちは我が目を疑いました。せっかく買い揃えた遊び道具が使われずに、ほっぽりだされているのです。子どもたちが手をつけた道具もなかにはありましたが、本来の用途ではない使われ方をしていたのです。

では、子どもたちは遊びに何を使っていたか?――。それは椅子であり、テーブルであり、部屋であり、クローゼットであったのです。森や茂み、岩や秘密の場所がいっぱいあるアウトドアを、遊びの手段としていたのです。

しかし、何といっても、彼・女らの最大の遊び道具は、その想像力でした。

開校時に買い込んだ遊びの道具類は、その後十二年間、部屋の片隅に置かれていました。そして、寄付されたオモチャ類ともども、箱に詰められ、屋根裏行きとなったのです。まさにお払い箱、お蔵入りです。遊び道具は、いまも屋根裏に……。乾燥した場所ですから傷むことなく、これからも長い眠りを続けることでしょう。

もちろん、例外もいくつかあります。「モノポリー」といったゲームが人気を集めたことがあります。年長の子が家から持ってきたのです。「リスク」というゲームの場合、四年もの間、流行しました。このゲームから、地理学や軍事戦略に興味を持つ子が生まれました。そして、かの有名な「ダンジェオン&ドラゴン（D&D）」です。このゲームは学校の参観者が見て、もっとも「教育的なゲーム」だったはずです。なにしろ、中世の世界を学べるのですから。

助け合ってブランコ遊び……

わたしたちはこのように、遊びを重要なものと捉えています。遊びを妨害しようなどと考えたこともありません。ですから、この学校では、あらゆる年齢の子が遊びを楽しんでいるのです。それは、卒業してからも同じです。遊びのなかで培った、自分の持てるものすべてを注ぐ力を身につけて世の中に出て行くのです。

遊びのなかで笑い、喜びを爆発させたサドベリー・バレー校での思い出を胸に秘めながら――。

17　ライブラリー

議論は、本に黄色いシールを貼るべきか否かをめぐって沸騰しました。

学校ライブラリーを開設するためのミーティングでのひとこまです。司書になる予定のポーラは、自分の考えを主張して止みません。

「幼児向けの本には目印をつけるべきよ。そのためには、黄色いシールを貼るのが一番ね。とにかく目につきやすいから」

ポーラは、公立学校で長年、働いてきたベテランの図書館司書。そこで培ったプロとしての知恵をわたしたちに伝えようとしたのです。でも、そんなことでわたしたちの旧弊（?）は揺るぎませんでした。「でも、なぜ、そうする必要があるの?」と、わたしは反論しました。「ちいさな子が誤って、大人の本を手にしたからといって、なにか不都合あるの?」

議論は、さらに白熱していきます。実はポーラは、こんなことを心配していたのです。もし、ちいさな子が大人向けの難しい本を手にして、歯ごたえがありすぎると感じたら、結果的に読書の意欲をそぐことにならないか、と。大人の世界は、子どもたちにとって恐怖に満ちた世界。そんな世界に迷い込まないよう守ってあげなければ、という主張でした。

しかし、わたしたちにとって黄色のシールは、大人たちが生徒を「子ども扱い」する、もうひとつのシンボルに過ぎなかったのです。現実の世界に分け入り、征服しようとする子どもたち。これは、その断固たる決意を読み取れなかった、もうひとつの例に過ぎません。

この件は、数ヵ月にわたるディベートの末、投票で決着をつけることになりました。そして、黄色いシールを貼る提案は否決されたのです。ポーラが退職したのは、それから間もなく。サドベリー・バレー校がまだ、開校準備段階にあるときのことです。わたしたちのライブラリー活動のその後の姿を、彼女は結局、見ることはありませんでした。

しかし、実際のところ、わたしたちのライブラリー運営の仕方は、「活動」などと呼べる立派な代物ではありません。むしろ、「不活動」というか、「何もしない」といった方がより正確でしょう。わたしたちが考えるライブラリーとは、実にシンプルなものです。それは、わたしたちを常に受け入れてくれる偉大なる知の宝庫なのです。だれもが知識に渇いたとき、浸ることができる「知の貯水池」がライブラリーなのです（ちょっと、手垢の付いた譬《たと》えを使ってしまいましたが……）。

どこの学校図書室もそうでした。わたしたちが見た学校図書室はどこも、悲しいほどに不毛な場所だったのです。だから、わたしたちとしては、独立した部屋なり棟に蔵書をまとめて収納し、そこを「図書館」と呼ぶ方式は採りたくなかった。まるで「死体置場」のようで厭だったのです。そこは、いわば「別世界」。みんな押し黙って、話をするにしても、ささやき声でしなければなりません。本を探すにしろ、物音を出さないよう注意しなければなりません。司書の目を気にして、ちょっとビクビクしたり……。

わたしたちは、そうであってはならないと考えました。至るところに本があって、居心地がよくて、くつろげる場所。本がいつも手の届くところにあって、気が向けばパラパラとページをめくって流し読みできるような場所をつくろうとしたのです。「貸し出し」する本の保管場所にはしたくありませんでした。

つまり、本棚をあっちにこっちにいっぱいつくって、そこから子どもたちが自由に本を取り出す方式です。本もなるべく沢山、揃えたかった。少々の混乱は、もとより覚悟の上です。ただし、わたしたちとしては、なるべくいい本を揃えたかった。子どもたちが大好きで、子どもたちが大事にする本を並べたかったのです。

そうなると、本の調達方法も変わらざるを得ません。いくら「本の専門家」でも、あらゆる知識の分野において「この本が最も面白い本です」と言える人はいないのではないでしょうか。そうなると、それぞれの関心領域ごと、興味のある人に本選びをしてもらうしかありません。


こうした考えに立つと、意外に事はうまく運ぶものです。実際、サドベリー・バレー校のライブラリーは、いとも簡単に、金をかけずに出来上がりました。愛読書の一部を寄付するよう、関係する方々にお願いしたのです。

いうまでもなく個人の蔵書とは、蒐集者本人の興味・関心のなせる技。その一冊一冊が自分の大好きなおもしろい本なのです。そういう本が学校に集まってきました。そうした各分野の「専門家」に

本の壁に囲まれて……

よる本の寄贈は、いまなお続いているのです。

もちろん、あらゆる本がいい本とは限りません。それは、どこの図書館だって同じことでしょう。一冊の本、それも何の気なしに買い入れた本の善し悪しをめぐって、わたしたちの「黄色いシール」論争に負けない白熱した議論が巻き上がることだってあるのです。しかし、わたしたちのライブラリーにやって来た本は違います。すくなくとも、前の持ち主が目を通し、これは本棚に置いておく価値あり、と判断したものなのです。

こうした本の寄贈は途切れることなく続き、ほどなく、建物中、本で溢れるようになりました。部屋という部屋に本棚を設け、本を収容する状態になったのです。

やがて、抜き差しならない事態が訪れました。まさに、本の海に沈みかねない状況になったのです。こうなるともう、必要ない本を売るしかありません。

わたしたちのところへ届く本のなかには、ちょっと難解すぎて使えない本もかなり含まれていました。たとえば、マサチューセッツ州六法全書の全巻セット、それもコメンタール付き、といった類のものです。こういう本は、大人のわたしたちでも気軽に目を通すわけには行きません。ある種の技術・科学ジャーナルもお払い箱にしました。見た目は綺麗なのですが、無用の長物以外のなにものでもないからです。しかし、寄付していただいた本の大半は、いまなお本棚に納まって、子どもたちが手にとってくれるのを待っています。


むろん、わたしたちだって、お金を出して本を買う場合があります。どうしても必要となったら購入するしかありません。すくない予算のなかから本代を捻出するわけです。

一九七〇年代半ばのある日、わたしたちの郵便受けに連邦教育省から一通の手紙が届きました。開けてみると、なかに小切手が入っているではありませんか。添えられた文書によると、連邦政府は全米すべての学校に図書購入費を贈ることを決定しました、というのです。気前いいったら、ありゃしません。連邦議会の議員さんたちは、きっとこう考えたのでしょう。本というのは悪いものじゃない。だから、学校の本棚にもっと本が並べば、アメリカの教育はもっとよくなるに違いない——と。

まあ、こうした「論理」に首を傾げる人は、出版業界のなかにはいないはずです。いずれにせよ、「天の恵み」がわたしたちのところにも降り注いだわけですが、最初のわたしたちの反応は「返そうか？……」でした。

でも、それも何だか大人げない。そこで結局、贈り物は素直に受け取るのが礼儀とばかりに、全校集会の場で子どもたちから要望が出ていた本の購入に使うことを決めたのです。その後、ホワイトハウスの主が代わり、アメリカの政治も右に左に、前に後ろに揺れ動いていますが、本代の小切手だけは依然として毎年、送られてきます。

ところで、あの「黄色いシール」騒動の結末はどうなったのでしょう。

話し合いの結果、小さな子どもたちに配慮するという精神を生かし、子ども向けの本は本棚の下の方に置くことになったのです。そうすれば、梯子に登らずに本を取り出すことができるからです。もちろん、「黄色いシール」構想そのものはお蔵入りです。おかげで、黄色のシールが貼られていない本を持ち出し熱心に読んでいる子をつかまえて、「お若いの、そんな本を読んで、何してる?」などと声をかけることも出来なくなりました。

年上の子が可愛らしい「子ども向け」の本を読んでいて、表紙の背の「黄色いシール」にあとから気づき、当惑した表情を浮かべている——なんてシーンに出くわすこともなくなったのです。

18　時の流れに

サドベリー・バレー校にはベルがありません。そして「時間割」も――。

あらゆる活動に費やされる時間は、当事者の中から生まれ、流れて行きます。時間は個人が望んだだけ、必要とした分だけ流れます。それで十分なのです。

朝、サドベリー・バレー校のドアが開くのは八時半。夕方の五時には閉まります。そんなサイクルのなかで、写真の好きな子が午前九時に学校の暗室に入って、時の経つのも忘れて熱中し、夕方の四時ごろになってようやく暗室から出てくる、といったことも珍しくありません。

午前十時半、ろくろの前に座っているのはジェイコブ、十三歳の男の子です。準備完了、ポットづくりの開始です。一時間、経過。二時間、経過――。ろくろはまだ回り続けています。三時間、経過。午後二時十五分、ジェイコブはようやく、ろくろから離れました。が、仕上がった作品を見せてくれません。どうやら今日は、満足いく作品が出来なかったようです。翌日、またジェイコブの挑戦が始まりました。作業を終えたのは午後一時。見本を三個仕上げて納得できたようです。

八歳になるトーマスとネイサンが、D&Dのゲームを始めたのは午前九時。その日の夕方五時になっても終わりません。翌日に持ち越しになりましたが、二日目も時間切れ。ようやく三日目の午後二時になって決着がついたのです。

お次は九歳になるシャーリー。椅子に座って本を読みはじめました。その日、夕方、家に持ち帰って読みつづけ、その後も三日間、読書に没頭、ついにその本を読破したのです。

六歳になるシンディーとシャロンが森の散歩に出かけました。うららかな春の日です。二人が戻ってきたのは、それから四時間経ってから。思う存分、森の散歩をたのしんできたのです。

ある年の秋――。朝早く、池の畔に立ってダンが釣りを始めました。それから三年。ダンはまだ、釣りに熱中しています。


サドベリー・バレー校を流れる《時間》は「モノ」ではありません。だから「使用」されることがない。上手にも下手にも使われることがない。時間を「無駄」にすることも、逆に時間を「有効活用」することもないのです。

サドベリー・バレー校の《時間》とは、生活の内なるリズムを、その複雑さにおいて測るものなのです。一連の出来事が展開していくなかで、その出来事の連なりに相応しい時間が、一緒に過ぎて行くのです。

ここでは、ランチタイムがありません。というより、お腹が空いたときがランチタイムなのです。なんだか、あの「クマのプーさん」に似た話ですね。プーさんの壁時計は、かなり前に「午前十一時」を指して、そのまま止まってしまいました。いつも腹ペコのプーさんは、壁時計を見るたび「何か食べなきゃ」と思うのです。いつもお腹を空かしているので、四六時中「午前十一時」というわけです。

わたしはこの学校で何年も暮らすうち、子どもたちがそれぞれ独自の時間感覚のなかで成長する姿を目の当たりにしました。彼・女らが一気に前へ進む場面にも立ち会いましたし、時間が永遠に停止したような世界にじっと身を置く姿も目撃したのです。夢の中に生きたあと、ゆっくり地上に降り立ち、現実に戻る場面にもお目にかかりました。

朝早く学校に来たり、夜遅くまで学校にいたいという生徒には鍵を渡します。鍵さえあれば、週末や休みでも学校の中に入ることができるのです。

サドベリー・バレー校では、子どもたちのプライベートな時間のリズムに敬意を払っています。そして、それは冒すべからざるものです。そんな時間の保障のなかで、子どもたちは皆、遅かれ早かれ「内なる自己」に気づき、我が物とするのです。

子どもたちはもちろん、「プライベート・タイム」が尊重されていることを認識しています。「自分の時間」に浸りながら、それを育んでいるのです。

卒業間近の生徒たちから、わたしは何度こんな言葉を聞かされたことでしょう。「何よりよかったのは、サドベリー・バレー校がぼく（わたし）たちに、自分を見つける時間を与えてくれたことです」。

ところで、一心不乱に物事に集中すると時間の感覚がすっかりなくなるものです。わたしは、X線を発見したレントゲンの話を読んで驚いたことがあります。レントゲンは偶然にX線を発見するまでは凡庸な科学者だったのですが、いったん手掛かりをつかむや、興奮と好奇心の虜になって、そのまま実験室にこもりきり、不眠不休の実験の末、七日後になってようやく、世紀の発見の確証を手に部屋から出てきたというのです。

集中、そして吸収

「創造的な天才」の逸話には常に、完全なる集中、そして時間への徹底した無関心が含まれています。わたしたちはよく「天才だから、そうなんだ」という見方をしがちですが、そうではありません。わたしたちは皆、それぞれの仕方で創造的な天才であるのです。だれもが皆、完全なる集中への潜在的可能性を胸に秘めているのです。外部世界の時計を捨て、「内なる時計」に目を向ける必要性を抱いているのです。

サドベリー・バレー校では、プライベートな時間をどう使おうと自由ですが、パブリック（公共）な時間はきちんと守らなければなりません。一緒に何かやろうと決めたら、約束の時と場所に集まるのは当然の義務です。グループのなかの各個人は、時間をシンクロナイズさせ、グループに共通する時間を創造しなければなりません。

この学校の全校集会は、毎週木曜日、午後一時ぴったりに始まります。集会に参加したくなければ、来なくても構いません。しかし、参加するなら、決められた時間通りに来なくてはなりません。クラスにしろ、約束の時間に来なければ、それでお終いです。遠足も同じ。出発時間に遅れたら、学校で留守番です。要するに、遅れたら取り残されるだけ。みんなで決めた以上、そこに個人のプライベートな時間感覚を持ち込む余地はないのです。

サドベリー、水鏡

自分で自分の時間に浸れる融通性は、「年齢ミックス」がうまく行っている理由のひとつです。この世に生まれて何日経ったとか、何年経ったとかに気をつかう意味はありません。六歳の子も十代の若者も、教師も親も、自由かつオープンに、年齢に無関係な相手のエッセンスと向き合うのです。伝説の原子物理学者であるニールス・ボーアに、こんなエピソードが残っています。研究仲間と十年ぶりに再会した彼は、何事もなかったように、別れ際に交わした十年前の会話の続きを始めたというのです。そんな伝説も、サドベリー・バレー校ではごくありふれた現実です。

この学校では、だれもが自分の時間を持っているのですから。

19 学び

わたしたち全員に対し、ある一つのことをサドベリー・バレー校は教えています。なによりも、謙虚さこそ大事なことである、と。

わたしたちは毎日、自分の無知に立ち向かい、闘い、そして知らざることに感謝しています。そんな考え方は、「学習」について学習する中から生まれました。「教育」の世界に身を置き、教えはじめたころ、わたしたちは傲慢でした。子どもたちがいかに学ぶか、わたしたちは知ってるつもりでいたのです。

わたしは今、大学で教えだしたときのことを鮮やかに思い出します。わたしは担当する科目の中身を知っていましたし、教育学や心理学、発達論についても参考書をたくさん読んで分かったつもりでいました。わたしは、知の世界の上に君臨しているような気でいたのです。とにかくわたしは何でも知っていて、学生たちに教えるものをたくさん持っている教師なのだ、と。

真実は少しずつ姿を現わしました。一番最初、わたしは、ある事実に気づきました。わたしの前に座って熱心かつ幸せそうな表情をしている学生たちは、実は内心、ものすごく退屈していて、その無関心を仮面で覆い隠しているのだ、と。続いてわたしは、こういう現実にも気付かされました。わたしが何を言おうと、学生たちの耳には、ほとんど届いていないという現実に。

わたしは学生たちに対して、重々しい口調でこう言ったものです。「ここが、重要なポイントだよ」「教科書には書いていないが、大事なところだ」。わざわざ念を押しても無駄でした。学生から返って来たテストの答案は、ただ単に暗記して書いた、教科書の引き写しだったのです。

それでもわたしは、一生懸命教えようとしました。参考書もいっぱい読んで……。でも、事態は一向によくなりません。やがて、わたしは気づきました。同僚もまた、程度の差こそあれ同じ問題に直面し、苦闘していたのです。

わたしの胸に、認めたくもない恐ろしい考えが兆しはじめました。いくらわたしが学生の前ではしゃいだり、脅したり、すかしたところで、最後は学生たちの気構え次第。学びたくないものは、結局、学ばないことに気づいたのです。

そしてわたしは、恐るべき真実に辿り着きました。

とどのつまり、わたしたちは、人々がどう学ぶか、ほんとうは何も知らないのです。人々が、ほんとうに興味を持って学んでいるかどうかさえも知らないのです。

ときどきわたしは、今の学校って、童話にある「裸の王様」そっくりだと思います。この世でこれ以上、ぴったりな譬えは他にないのではないでしょうか。何も着ていないのに、自分では立派な衣装を身につけていると勘違いしているのです。「学校」という名の王様は、我こそは知識の調達者なり、供給者なりと錯覚し、来る年も来る年も威張っているのです。

自分の思いどおりにいかないときは、お金にものを言わせます。お金という石膏で傷口を塞ぎ、取り繕ってしまいます。でも、それでは結局、うまくいきません。子どもたちは自分が学ぶものを学ぶのです。学びたいとき、学びたい方法で学ぶのです。わたしたちがいくら教えようと努力しても、そんなことなどお構いなしです。

この真実を、わたしはサドベリー・バレー校で、いつも目の当たりにしています。が、なぜ、そうなのか、秘密の解読には十分成功していません。

この学校では、知らないことは知らないのです。わたしたち教師の役目は、子どもたち一人ひとりが自分の道を選び、さまざまな方向に歩んでいくその側に、じっと立って見守ることなのです。子どもたちに断られたら、身を引けばいいのです。

子どもたちの若く美しい精神のなかに、なんと素晴らしい多様性が漲《みなぎ》っていることでしょう。偉大なるジャン・ピアジェよ、これはもうあなたに悲嘆に暮れてもらうしかありません。学習の諸段階ですって？　理解へと進む普遍的なステップですって？　知識の獲得における一般的なパターンですって？　まさにナンセンスです。

サドベリー・バレー校の子どもたちは皆、絶えず学んでいるのです。彼・女らの最大の師、それは彼・女らの「生」そのものなのです。学校の教師が学士号や修士号、博士号を持っていようと、そんなことは小さな問題に過ぎません。

子どもたちは、自分にとって適当な仲間や本、教具、大人を選び活用します。しかし、何といっても最大の道具は、彼・女ら自身の興味です。発見し、征服し、理解するよう引っ張っていく好奇心です。

そうした中で、子どもたちは自分の生きる世界を直視する術を学びます。なぜなら彼・女らは、世界の中に生き、世界に対して視線を投げかけることができるからです。閉ざされた部屋に四六時中、座っているわけではないからです。

子どもたちは人々と関係することを学んでいます。なぜなら彼・女らは、人々とともにいるからです。年齢の壁を超えて、毎日毎日、一緒に暮らしているからです。

子どもたちは問題の解決の仕方を学んでいます。なぜなら、問題を自分から解決しなければならないからです。大統領の座にのぼり詰めたトルーマンは、ホワイトハウスの自分の執務室に、こんなサインを掲げていたそうです。「ひとりの若者がいま、この場所に立ち寄っています」と。ここで言う「この場所」とは、子どもたち一人ひとりの固有の居場所、といった意味でしょう。その場所から彼・女らを外に連れだす者は、彼・女ら自身をおいてほかにはいないのです。

子どもたちを見ていると、毎日、何か思いがけないことに気づかされます。

たとえば、よく、こんなことが言われます。「子どもたちに自分の好きな活動を自由に選ばさせると、必ず一番安易な道を選びたがる。自分から困難を求めることがない」と。そんな言葉を聞かされるたびに、わたしはこころの中でこう呟きます（もちろん、ときには面と向かって言ってやるのですが……）。「一体あなたの言う《子どもたち》とは、どこの、どんな子どもたちなの？」――。

自分の「生」を生きている子どもたちであれば、決してそんなことはないのです。むしろ逆です。子どもたちは大抵、最も困難な道をすすんで選ぼうとするものなのです。

書き間違いはしないでくれ、ですって？　いいえ、わたしは確かにこう書きました。「子どもたちは、最も困難な道をすすんで選ぼうとする」と。

まさに、これがわたしの言いたいことなのです。

なぜそうなのか、わたしにも本当のところは分かりません。しかし、それが実際に起こる場面を、わたしはいつも目にしているのです。まるで、自分の弱点にわざと狙いをつけ、一気にカタをつけてしまおう、と挑戦しているようなのです。

だから、この学校では、運動が苦手なはずの子が一日中、スポーツをして走り回っています。数学恐怖症かと思った子が代数を勉強したりしている。そんなエピソードの一つひとつが、記念すべき闘いと鉄のような決意が織りなす冒険談なのです。

それからまた、「調和のとれた発達」をめぐって、こんな言い方をしばしば耳にします。「子どもたちには、沢山のものごとを少しずつでもいいから学習させなければなりません。学校で子どもたちは、いろんなものごとに曝される必要があります。彼・女らを放ったらかしにすると、視野の狭すぎる人間になってしまうでしょう」と。

全く意味のない言い方です。第一、その言い方には傲慢なところがあります。まるで、広大な知の大海原のなかから、誰もが飲むべき知識の雫《しずく》を掬《すく》い上げることができる、とでも言いたげです。

第二に、あまりに世の中を知らない言い方と言わざるを得ません。まるで、マルチメディア時代のこのアメリカに、夜も昼も、情報に接することのない子どもたちが存在するかのような言い方ではないでしょうか。こうした人に限って、次の日になると手のひらを返し、子どもたちが大量の情報に曝されすぎているとか、刺激を受けすぎているなどと言い出すものなのです。

第三の問題は、関心の狭いことは果して悪いことなのか、ということです。それは、だれにとって悪いことなのでしょう？　作曲家のモーツァルトにとって、作曲は悪なのでしょうか？　相対性理論を発見したアインシュタインは、なにか悪いことを仕出かしたのでしょうか？　わたしたちの偉大なるヒーローたちは、その一途な貢献が称賛の的になっているのです。そのどこに、「調和のとれた発達」があるのでしょう。

そういう諸々の事実が、わたしたちを謙虚にしているのです。最も愚かな人間より、少しだけ愚かでない人が、より賢い人なのです。

子どもたちを、その生きるままに任せましょう。子どもたちは、学ばなければならないと思っていることを自分の力で、独力で学んでいくものなのです。わたしたちが無理やり手を突っ込んで、彼・女らの学びをメチャクチャにしてしまわないかぎりは。

彼・女たちがわたしたちに助力を請う、その時までは――（あるいは助力を請わないかぎり）。

20 評価

ある日のことです。わたしは六歳になる男の子とキャッチボールをしていました。その子がボールを投げるたび、ボールをキャッチするたび、わたしは励ましの声をかけました。「いいぞ、その調子」「ナイス・ピッチング」「ナイス・キャッチ」。

ところが突然、その子が怒りだし、わたしにボールを投げつけてこう叫んだのです。

「もう、一緒に遊びたくないよ。嘘をつかないでよ。ぼくのピッチング、まるでなってない。ちっともナイス・ピッチングじゃない。嘘を言わないでね」

その子の言う通りでした。わたしが間違っていたのです。わたしはサドベリー・バレー校で、子どもたちから貴重な教訓を、またひとつ学んだのです。

サドベリー・バレー校には評価がありません。子どもたち自身が自分の進歩の測り方を自分で決めているだけです。そして大概、彼・女らは厳しい達成基準を自分に課しています。学校の外にベストの手本を求め、それと自分を比較しようとしています。

算数を学ぶ子は、自分がいつ掛け算や割り算、その他の計算法をマスターしたか知っています。問題を解けるかどうかです。それだけで分かることなのです。何か分からないことがあれば、自分で考えるか、助力を頼むかのどちらかです。自分で理解したと分かるまで続けるだけです。車の修理を学んでいる子どもは、自分が修理できたかどうか、すぐ分かります。修理すればするだけ、腕のいいメカニックになれます。自分がまだ修理できないでいる事実を、他人に指摘してもらう必要も義務もないのです。

到達目標を自ら定め、それに向かって自分で突き進むというパターンは、あらゆる学びに共通することです。陶芸を学んでいる子は、プロの陶芸家の作品を目標とするかも知れません。絵を描く子は、名画を鑑賞します。文章を書く子は、本を読みます。音楽を学ぶ子は、レコードを聴き、コンサートに出かけます。それぞれが素晴らしさの基準を自分の心の中に持ち、幻想を抱くことなしに自分なりのゴールを設定します。

子どもたちの自己評価のプロセスは、完璧なものと比較するので、時に欲求不満の痛みを伴いがちです。仕上がりが納得いかないものだと、数週間、数ヵ月の努力が水の泡になってしまいます。描き上げた絵を破り捨てる子も、これまで何人かいました。もったいないという気がして、「なかなかいい絵じゃない。どうして破ったりするの?」と、何度言ったことか。

子どもたちの答えは決まってこうでした。「ダメな絵だから」――。なかなかうまく行かない欲求不満は、ときに怒りや鬱屈、厳しい自己批判に行き着きます。

わたしたちの目から見て、その子の作品が称賛に値するものであっても、判断するのはあくまで子ども本人です。だから、「すごくいい絵じゃない」と言っても無駄です。「君の年齢にしては、なかなかいい絵だよ。君も相当、腕を上げてるね」と言ったところで、慰めにもなりません。

子どもたちは、仕事に取りかかる前から、どのあたりを目標にするか心に決めているのです。だから、わたしたちが何を言おうと、彼・女らには虚ろに聞こえるだけ。「いい加減なこと、言わないでよ」となるわけです。

自分の作品が不満でならない子は、時に「もう、やーめた」と、一切合切を投げ出してしまいます。でも、そのまま背を向けてしまう子は、ほとんどいません。もう一度、戻ってきて、やり直そうとします。またしても、一心不乱に取り組み始めるのです。そして遂に納得の行く作品を仕上げ、あなたのところに見せにやって来るでしょう。「いいでしょ、これ。うまくいったんだ」と言って。

子どもたちは自分の作品をパーフェクトに仕上げるため、時折、目利きの専門家に批評を求めることがあります。批評してくれる人を探し、正直かつ的を得たコメントを要求します。そんな光景を、サドベリー・バレー校の徒弟プログラムでは、しょっちゅう見ることができます。弟子入りとはつまり、マスター（親方）のもとで訓練を続け、絶えず批評を受けることなのです。

批評の手助けを求めるのは、もちろん子どもたちですし、手助けの仕方も何が問題かによって決まります。わたしはよく、「作文、見てくれない。直してほしいんだけど」と、子どもたちから頼まれます。文章をちゃんと書ける子たちですし、聡明な子どもたちなのですが、文章的にどの辺が問題なのか、自分で見つけることができないのです。

頼まれれば、言われた通りのことをするだけです。「もう結構です」と言われたら、引き止めずにそのままお引き取り願います。子どもたちからすれば、その時点ですでに、望みのものを手に入れているので、それ以上は必要ないのです。

これが、この学校の教師の流儀です。その精神は学校全体にしみ込んでいます。サドベリー・バレー校の教育の核心にあるのは、子どもたちを格付けしないという、わたしたちのポリシーです。子どもたちを比べたり、設定した基準に照らして評価したりしません。わたしたちにとって、そんな行為は、子どもたちのプライバシーと自己決定権の侵害でしかありません。

この学校は判定者ではありません。ですから、かりに生徒の求めに応じて教師が推薦状を書く場合、それはあくまで、その生徒と教師の間の個人的な問題に過ぎません。学校が判定し、推薦するわけではないのです。推薦状は教師個人の用箋に書きます。学校の用紙は使いません。

「判定せず」は、それほど徹底しています。このサドベリー・バレー校では、子どもたちは皆「いい子」という前提に立っているからです。

こんなポリシーを採っているものですから、ときどきおかしな問題が持ち上がります。大学進学の申請や就職の手続きで、どうしても学校の成績証明と推薦状を出さなければならないときがあるからです。その場合、わたしたちは、この学校がどう運営され、どんなポリシーを持っているか、詳しく手紙に書いて送ります。成績や評価というものがないことを、懇切丁寧に説明し、大学側の悪しき慣行を破ろうとします。

すると、十回のうち九回は、わたしたちの考え方が認められます。そして、子どもたちは落ち着くべきところに落ち着くのです。大学の入試担当や会社の人事担当が、特別なケースとして受け入れてくれるのです。

では、残り一回、つまり十回に一回はある、わたしたちのポリシーを認めてくれない場合はどうでしょう。まあ、こういうこともあるので、人生は面白いものなのでしょうが、いくら説明の手紙を送っても「推薦状をよこせ」という場合がままあります。そんなときは大抵、コンピューター印字の決まりきった催促状となって返ってくるのです。こうなったら、粘り強く行くしかありません。決定権のある人にぶちあたるまで、執拗にコンタクトを取るだけです。

あるいは、こんなことを電話で言ってくるところもあります。「いま、この電話で、口頭でいいから生徒さんの評価を言っていただけませんか？　推薦状に評価を書き込むわけじゃないから、構わないでしょう？」そんなとき、わたしたちは再度、辛抱強く、電話で改めてこの学校のポリシーを説明させていただきます。

わたしたちの知るかぎり、評価に関するこの学校のポリシーは、校外の世界へと巣立っていく子どもたちに悪影響を与えていません。たしかに、このポリシーがあるおかげで、子どもたちにとってやや厳しい面があることは否めませんが……。

が、その厳しさこそ、この学校そのものなのです。自分の道を歩むことを学び、自分で立てた基準や目標を達成するのがサドベリー・バレー校なのです。成績や格付けのないことによるボーナスとして、わたしたちは子ども同士の競争や、大人の承認を得ようとして子ども同士が闘うことのない自由な雰囲気を手にしているのです。

この学校では、いつも皆、互いに助け合っています。助け合わない理由がないからです。

21 避雷針

マーク・トウェインの小説に、避雷針のセールスマンの物語があります。サンダーストーム（雷雨）の襲来に備え、家の周りに避雷針をいっぱい立てて、落雷から身を守りなさいと売り込むセールスマンのお話です。

しかし、セールスマンの勧誘に乗って、避雷針で家の周りを防護したら大変なことになってしまいます。嵐が来たら、家の中に閉じこもっているしかありません。なにしろ、家の周りの避雷針が天空の電気という電気を呼び寄せるので、稲妻の幕に包み込まれてしまうからです。

この恐ろしい寓話は、わたしたちが直面した現実でもありました。この学校を開校した当時、同じような恐るべき事態に遭遇したのです。一九六〇年代末期の嵐のように荒れ狂う教育状況にあって、サドベリー・バレー校は巨大な避雷針と化したのです。

当時、アメリカ社会は沸騰していました。政治的な大闘争で国は分裂し、怒りと暴力が充満していたのです。学校もまた、その例外ではありませんでした。

アメリカの至るところで、新しい学校が生まれました。既存の学校では満足できない教師や活動的な父母、あるいはまた政治的なセクト、ときには反逆に立ち上がった学生や生徒たちがつくった学校です。その多くが「フリースクール」のレッテルを貼られました。しばらくすると、それは「オルタナティブ（新しい）・スクール」と呼ばれるようになったのです。そして、その呼び名は、教育の本流の外に位置する学校の総称として、今なお使われています。

壁画を描く

　サドベリー・バレー校は、こうした「新しい学校」とは出自を異にしています。わたしたちは、広大な歴史的背景と学習理論、アメリカの人間が織りなして来たユニークな経験をバックに、自らの哲学と目標を築き上げたのです。

　一九六八年という激動の年に学校をオープンすることになったのは、巡り合わせに過ぎません。運命のいたずらでサドベリー・バレー校は、マサチューセッツ州の東部地域で当時、唯一、十代の子を受け入れる「新しい学校」となったのです。十歳未満の子を受け入れる新しいタイプの学校も、この地域でほかに、ほんの数校あっただけです。

　つまり、わたしたちの学校以外に選択の余地はなく、細かな違いを気にしている余裕などなかったのです。そこで、結局、わたしたちの学校が、「オルタナティブ」の一切合切を呼び込む「避雷針」になってしまったのです。

わが子を入学させようと、たくさんの父母が殺到しました。わたしたちが、この学校のプログラムを説明しようとしてもほとんど耳を貸さず、さっさと入学手続きを済ませてしまう親がいっぱいいたのです。

予想通り、惨憺たる結果が待ち受けていました。父母のかなりの部分がほんとうに望んでいたのは、単なる「進歩的な学校」だったのです。教師の熱心なガイダンスとカウンセリング、子どもたちの学習への介入が行われる場所を求めていたのです。サドベリー・バレー校の現実と合うわけがありません。

そんな親たちも、しばらくは様子を見守っていたようです。そして子どもたち自身も。

最初、彼・女らは、わたしたちが子どもたちに与えた「選択の自由」を単なる方便と考えていたのです。居心地をよくするために自由を与えているだけだと。数週間経てば、教師たちも受け身の態度をかなぐり捨て指導を開始するものと、タカをくくっていたのです。

子どもの肩に腕を回し、温かく包み込みながら、こう優しく声を掛けるのです。「ＯＫ、ジョニー、もう自由に何週間も遊び回ったんだから、そろそろいいね。君もわかってるんだろう。そろそろ落ち着いて、生産的なことに取りかからなくちゃいけない。先生がアドバイスしてあげようか」。が、サドベリー・バレー校では、そんな日は来るはずもありません。わたしたちは、方針を曲げませんでした。わたしたちは、言わんとするところを理解してもらうまで、自説を貫き通す覚悟でいたのです。子どもたちにも「選択の自由」を身を持って経験してほしかったのです。

やがて、怒りが爆発しました。親の半数がサドベリー・バレー校の考えに反発したのです。その反発たるや、当時、政治の場で荒れ狂っていた対立と同じくらい激しいものでした。

黒板の幾何学？

一ヵ月に及ぶ闘いの末、学校は出直すことになりました。わたしたちは自分たちの仕事をそのまま続行したのです。開校以来、わたしたちが引き受けさせられていた「避雷針」の役割も、これで一切、消えてなくなりました。

ですから、今、わたしたちのところへやって来る親は、この学校のなんたるかを十分、知った人なのです。大半の人が、サドベリー・バレー校がどういうところか分かって子どもを入学させているのです。そこに誤解とか混同はありません。

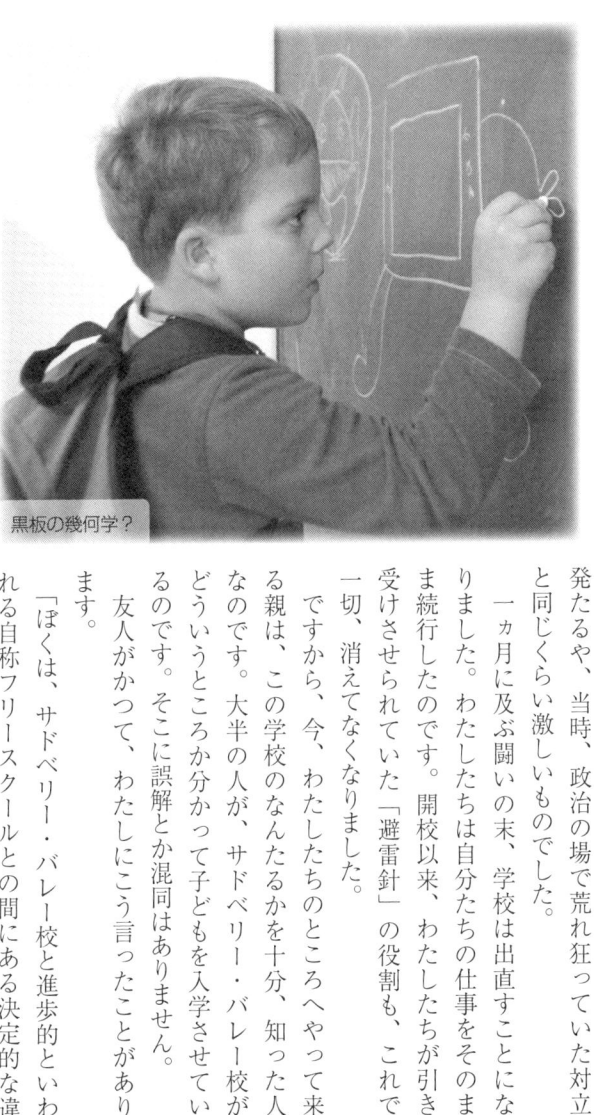

友人がかつて、わたしにこう言ったことがあります。

「ぼくは、サドベリー・バレー校と進歩的といわれる自称フリースクールとの間にある決定的な違いを知ってるよ。一言で言ってみせようか」

「何なの、それ?」

わたしは、それほど簡単に区分けできるはずがないと思いながら、彼の返事を待ちました。

「君の学校ではね、好きなことをすればいいんだろう。よその学校ではね、したことを好きにならなくちゃならないんだ」

言いえて妙、とはこのことでしょう。

わたしたちは、子どもたちを楽しませることがわたしたちの使命などと考えてみたこともありません。子どもたちを「鼓舞」したり、学ぶべきことを学ぶよう仕向けたこともありません。喜びや幸せを、わたしたちの優先順位リストのトップに掲げたこともありません。

サドベリー・バレー校のわたしたちにとって、現実との直面こそ最も重要なことです。学びながら成長するうえで、日常の葛藤、失意、不満、失敗もまた、幸せや満足と同じくらい大事なことなのです。むしろ、より本質的と言ってもかまいません。

かつて「避雷針」が呼び込んだ問題は、いまやサドベリー・バレー校のどこにもありません。自分自身の「生」を選択することによって手にできる、その実りの収穫を目の当たりにしているのです。言わせてもらえば、わたしたちは今や、新しい種類の「避雷針」であるのかも知れません。よりベターな言い方をすれば、サドベリー・バレー校は「灯台の光」になっているのです。

この学校は、子どもたちに自由を与えたいと願うひとびとのための「灯台」なのです。

第二部　学校生活

司法委員会は学校デモクラシーの要

22 全校集会

毎週木曜日、午後一時きっかり、議長が全校集会の開催を宣言します。議事の始まりです。

全校集会は、この学校の心臓です。サドベリー・バレー校を動かしているのは、この全校集会なのです。この集会から、あるいはこの集会の議論からのみ、日常の学校生活を司るあらゆる権威が生まれるのです。大小さまざまな事柄が話し合われます。当面する最重要課題、重要問題についても、この場で解決が図られます。

この学校の司法制度は、一九六八年の開校間もないころ、延々六時間、全校集会で話し合った結果、生まれました。そこで決まった最初のシステムは、その十一年後、これまた長時間にわたる議論の末、変更が加えられました。それからさらに六年後、また新たな手直しが行われ、いまに至っています。子どもたちの思考と議論の結晶がこれなのです。

規則違反を罰するのも、この全校集会です。サドベリー・バレー校の法規に検討を加えるのも、この全校集会の場です。

校則は全校集会に提案され、可決されれば施行されます。校則は明文化され、サドベリー・バレー校の「法令集」に記載されます。

「法令集」に載る校則のなかには、変わったものもあります。

開校して間もない頃のことです。キャンパスに紙屑やゴミが散乱し、その清掃が悩みの種になったことがあります。全校集会の議題にもなり、掃除の仕方をめぐって議論が沸騰しました。話し合いのなかで、問題の本質が明らかになりました。ゴミの散乱が気にならない生徒も、実はかなりいたのです。そんな子に美的意識を持つよう求めても、所詮、無駄というもの。

最後にジャックという男の子が、ラジカルな解決策を提案しました。「散らかすだけ散らかしてもらったらいい。その代わり、拾うだけ拾ってもらおうよ」。こうなると、自由放任も行き着くところへ行き着いた、ということでしょうか。いい加減、議論に疲れた全校集会は、このジャックの「名言」を校則として採用することになったのです。

この、捨てた人が必ず拾うルールは、その後、二年間、施行されました。その二年のうちに、ゴミのポイ捨てはなくなったのです。

全校集会は、前にも述べたように、学校コーポレーションを認可する場でもあります。学校のスタッフの契約内容についても、ここで審議するのです。子どもたちが申請する私的な事業の認可を認めるか否かを決めるのも、この全校集会です。

集会が短時間で済むか長引くかは、予想がつきません。重要な案件が、たった十五分で可決・成立する場合もあります。逆に、たいしたことない議案に何時間も費やされることもあります。

あれはデニスという男の子が、学校で鉛筆を一本十セントで売るビジネスを認めて欲しいと、全校集会に申請したときのことです（もちろん、デニスが手にした儲けの一〇％は学校の懐に入る、という条件つきの提案です）。

とたんに議論が沸騰、賛否両論に分かれ、意見が交わされました。それというのも、サドベリー・バレー校には、すでに鉛筆を一本二十五セントで売る自動販売機があり、そのために五年分の鉛筆のストックがすでに用意されていたからです。学校のビジネスとモロにぶつかる提案を、全校集会として認めるべきか否か、議論は燃え盛りました。

経済の大原則も、論争の場に登場しました。自由主義に立つべきか、それとも保護主義で行くべきか――。鉛筆の自動販売機が導入された歴史的経過にも検証のメスが入れられたのです。鉛筆売りの提案がこれほど徹底した大論争に発展するとは、だれ一人として予想しなかったことです。

子どもたちは皆、年齢にかかわらず、全校集会で行使する投票権を持っています。同様に学校のスタッフも、ひとり一票。スタッフより子どもたちの方が七対一の割合で多いので、実際上、子どもたちがサドベリー・バレー校をコントロールしているわけです。

この学校を開くにあたり、わたしたちは全校集会を法的な枠組みの中にきちんと位置づける作業と取り組みました。マサチューセッツの州法では、未成年の子どもは成人と同じ権利を持つことはできないのです。

わたしは今なお、こんなシーンを鮮やかに思い浮かべることができます。わたしたちの相談に乗っ

誰もが一票、全校集会

てくれていた二人の弁護士が、部屋のあっちに行ったり、こっちにきたりしながら、こう呟いたのです。

「四歳の子にも、八歳の子にも、十二歳の子にも、大人と同じ権利を付与するっていうんだね？？？」

二人とも、わたしたちに対して援助を惜しまない思いやりのある弁護士で、奉仕活動にも積極的な人たちなのですが、わたしたちの考えをすぐには理解できなかったようです。もちろん、最終的には、わたしたちの意に沿ったかたちで法的なアドバイスをしてくれたのですが……。

さて、全校集会の仕組みはこうです。投票はだれでもできます。しかし、集会に参加した人だけが一票の権利を行使できるのです。もちろん、出欠は個人の自由。代理は認められません。つまり全校集会は、自由なデモクラシー社会であれば、どこでも行っていることを再現しているだけのことです。

自分に関連する問題が話し合われると分かれば、だれでも集会に出席するでしょう。そうでなければ、出なくたって構わないのです。全校集会に現れた顔ぶれを見るだけで、何が議題なのか、おおよそ見当がつきます。スポーツ好きの連中が一団となって現れれば、新しいスポーツ用具を買いたいんだな、と分かります。十二歳の三人組が突如、現れたら、またなにか金儲けの事業を企んでいるのです。

こうした連中とは別に、いつも全校集会に顔を見せる常連組もいます。これも年齢には関係ありません。あなたの住む町に議員になりたい人がいると同じように、学校の運営に参加したい子どもたちなのです。

全校集会の場で、初めてその日の議題が明らかになる仕組みにはなっていません。その週の討議に付されるテーマは、前もって「全校集会議事録」に記載され、周知徹底が図られます。学校がスタートして間もないころに始まった慣例です。自分に関係する議案が知らないうちに討論され、議決されてしまうのを防ぐ措置です。

全校集会の議事運営はフォーマルなルールに則って厳密に進められます。議長は、そのルールの一切合切を知っていなければなりません。その議長がどうしていいか分からなくなると、議事進行係が助け船を出します。

集会での発言は、議長の許可を得て行わなければなりません。発言も、議長に向かって行わなければならないのです。集会参加者は完全なる静粛を守り、礼儀正しくあらねばなりません（そうでないと、議長が「静粛に」と注意します）。

議決の仕方はかんたん、すべて単純な多数決で決まります。ただし、議事に付された「重要案件」は、全校集会を続けて二回開き、最低二回以上、提案の趣旨説明を行います。集会参加者に何度も考え直してもらうためです。

全校集会の議長を教師であるわれわれが務めていたのは開校後、二、三年のことで、そのあとは子どもたちが引き受けています。新学期の初め、集会で選ばれた子が一年間、議長の椅子に座るのです。

全校集会の議事運営は、ほとんどの場合、スムーズに進み、比較的、短時間で議事全般をこなします。二時間を超すことは滅多にありません。週に一回の集会ですから、学校運営に多大な時間を割いているわけではありません。開校当時、わたしたちは外部の人から、全校集会があまりに厳格かつ形式的に運営されている、と批判されたものです。

「もっと温かみがあっていいんじゃないの。たまにはギブ・アンド・テークの取引があった方が……。ガス抜きも考えないと、爆発しちゃうよ」

多数決がお気に召さない方もいらっしゃいました。何事も、互いの心の絆を確かめ合いながら、コンセンサスで決めるべきだ、という考えです。

が、わたしたちとしては、古代ギリシャ以来の民主主義の手続きを改めるつもりは、さらさらありません。挙手のデモクラシーは、このサドベリー・バレー校において十分、機能しているのです。わたしたちは、それを誇りに感じています。

23 危険がいっぱい

キャンパスにある大きなブナの木のてっぺんまで最初に登ったのは、十二歳になる男の子でした。知らせを聞いて現場に駆けつけたわたしたちは、一瞬、心を凍りつかせたのです。大木の背丈は二十三メートル。その梢の方から、男の子の呼ぶ声がします。生い茂る木の葉で、姿はよく見えません。誇らしげな声だけが響いてきます。地上のわたしたちの心に、その子が墜落するイメージがよぎりました。

このブナの木の一件は、キャンパス内における危険管理をめぐって、わたしたちの間で長い間、交わされた論争の始まりでした。考えれば考えるほど、心配のタネがあとからあとから出てくるのです。わたしたちが気づかなくても、子どもたちの方でちゃんと見つけてくれるのです。サドベリー・バレー校では、子どもたちは皆、いつでも、どこでも、行きたいところに自由に行くことができます。わたしたちの学校は、開かれたキャンパスなのです。わたしたちにとって、不安のタネがつきないわけです。

初めのころ、わたしたちは本当にナイーブというか無垢《むく》でした。「オープン・キャンパスで行こう」

と決めたとき、わたしたちはその意味を完全に分かったつもりでいました。子どもたちは、いつでも好きなときに、学校から出ていって構わないのです。まるで刑務所のように子どもたちを閉じ込める「学校」というものを、わたしたちはどんなに憎んでいたことか！　ことサドベリー・バレー校に関する限り、刑務所に似通ったものがあってはならないのです。サドベリー・バレー校のドアは開け放されているのです。

最初の数ヵ月は何事もなく過ぎました。

ところが、ある日、八歳になる二人組が、一・六キロ先にあるピザ屋のノブスコット・コーナーに向かって元気に道路を歩いていくではありませんか。八歳の子が、車の往来の激しい道路を歩いている！　事故に遭ったらどうしよう……。わたしたちは恐怖のあまり、身をすくませてしまいました。

そんなこんなで、地元の警察がわたしたちのやり方に慣れるまで、二、三年はかかったかと思います。学校からの「逃亡者」を発見しましたと、警察からよく電話がかかってきたものです。

次の頭痛のタネは「岩場」でした。キャンパスの一角に、自然がつくりあげた美しい岩の小山があったのです。わたしたちも最初のうちは、なんて素敵な岩場なんだろう、と思っていました。五、六歳ぐらいの子どもたちが、ロッククライミングに挑戦するようになるまでは――。美しい岩山は、一転して魔の山に変わってしまったのです！

続いて「小川」が、わたしたちの注意を喚起しました。水車小屋のダムに発し、キャンパス内をくねくね流れる浅く小さな流れです。「釣りエサ川」と名付けられた美しくのどかな小川が、急に危険なものに見え始めたのです。

その川が実際、どんな具合に危険な存在だったか、わたしたちには分かりませんでした。しかし、「岩場」の方は、この小川の川床に沿って並んでおり、滑りやすく、しかも不安定だったのです。キャンパス内にはこのほか、小さな水たまりがあちこちに隠れていて、なかには、四歳児が落ちたらようやく首から上だけが水面に顔を出す、といった深さのものもあるのです。

そのうち、わたしたちは気づきました。見方によっては、どんなものでも「危険」な存在になり得るのです。木も岩も、ポーチも道路も、川の流れも。キャンパスの一見、見事な芝生にしても、地ネズミが巣穴をつくっていて、足がすっぽりはまれば捻挫してしまいます。

いったん危険だと思い込むと、「立ち入り禁止」にしたくなるのが人情ですが、わたしたちはその度に、この学校の基本原則を思い起こそうと努めました。サドベリー・バレー校の教育の中心にあるのは、子どもたちは現実世界の問題と取り組むことによって判断力を身につける、という考え方なのです。子どもたちが責任を持った人間になる唯一の道、それは自分自身の生活、教育、運命に責任を持つことから始まるのです。

この「自己責任の原則」も、わたしたちが掲げる、その他の原則と同様、開校間もないころ大きな試練をくぐり抜けました。「危険」が次から次へとこの「原則」を脅かしたのです。

わたしたちは、これらの原則に忠実であろうとしながら、その是非について何時間も話し合ったものです。主に年長の子どもたちが原則を支持してくれたおかげで、規制が加えられることはありませんでした。

そうした中で、日々、直面する危険とは、子どもたちにとって自ら立ち向かう挑戦でしかないことが、次第次第にハッキリしてきたのです。辛抱強く、最後までやり通す決意と集中力、そして何よりも、相手にとって不足なしとする尊敬の念が、危険を克服するのです。子どもたちは、生まれつき自己防衛本能を持っており、自己を破壊するようなバカな真似はしないものなのです。

ですから、本当の危険は、彼・女らの周りに規制の網を巡らすことによって生まれます。規制を突破することが逆に挑戦になってしまうのです。規則を破ることが至上命題になってしまうと、こんどは肝心の安全の確保の方がおろそかになってしまいます。

そこで、わたしたちとしては、成り行きに任せることにしました。少々の危険は覚悟することにしたのです。遊んでいる最中、怪我をした子も、傷口を消毒してバンドエイドを貼ってもらうと、再び負傷の現場に駆けていきます。でも、たいていの場合、傷の手当てもせず、そのまま遊びに熱中しています。少々の怪我など、まさに日常茶飯事、平気の平左です。

サドベリー・バレー校でこれまで起きた事故のうち、最も大きなものはと言えば、八歳の子が滑って転んで肩を打撲した転倒事故です。

しかしながら、わたしたちは、ある場所で一線を画しています。目に見えない規制のラインを引いているのです。その場所はどこかと言うと、池の畔です。これは、地域社会の法律にもある規制です。池や沼は、「公共の危険」なのです。水面を見ただけでは、深さがどれくらいか分かりません。溺れてしまったら最後です。したがって、池の周りに規制のラインを巡らすことは、理に叶ったことと言えます。

全校集会でわたしたちは、立ち入り禁止案を話し合いました。非常に厳しい案で、池に一歩たりとも足を踏み入れてはならないという提案です。たとえどんなことがあっても、つま先さえ濡らしてもダメ、という規制案です。氷が張っている冬場も、立ち入りはもちろん全面禁止です。討論の結果、提案は全員一致で可決されました。この立ち入り規制をすすんで破ろうとする生徒は一人もいません。全校集会で、規制の廃止案を提案する子もいません。わずかに、年少の子が規制を知らずに足を濡らす程度です。

池にはフェンスの囲いがないことも、ここに明記しておきます。


さて、あのブナの大木です。いまなお、新学期が来るたびに、新たな挑戦者たちを呼び寄せています。そして毎年、大木のてっぺんまで攀じ登る子が現れ、クライミング成功の秘訣を伝授しているのです。

ノブスコットのピザ屋も、地元の警察同様、わがサドベリー・バレー校の子どもたちに慣れっこになり、いまやお得意様扱いです。ご近所の皆さんも、ぶらぶら歩く子どもたちの姿を見て、何とも思わなくなったようです。

さまざまな「危険」に立ち向かうことは、学びの重要な一部です。サドベリー・バレー校で、子どもたちは現実の世界のなかで生きているのです。

囲い込まれず、閉じ込められることなく……。

24 信頼のシステム

決めたことは自分たちで必ず守る。池にも絶対入らない――は、この学校の「信頼のシステム」の、ほんの一部に過ぎません。サドベリー・バレー校の全体が、誓約の上に成り立っているのです。

たとえば、鍵――。わたしたちは、鍵をかけることに抵抗を感じていました。鍵と聞くと、アレルギーが出てしまうのです。学校中をロックしてしまうなんて、耐えられないことです。

学校の中から鍵を追放する「鍵アレルギー」もまた、開校以来の伝統です。

子どもたちは皆、自分の引き出しを持っています。個人の持ち物の収納場所です。まるでリスがクルミを蓄えるように、自分の宝物をため込んでいる引き出しです。もちろん、本人以外「立入禁止」です。そこに鍵がかかっていないのです。

そんな個人用の引き出しから、ものがなくなることは滅多にありません。他人の引き出しを覗いているのが見つかったら、司法の場に呼び出されてしまいます。

個人の持ち物に対する個人のプライバシーは、もちろん尊重しなければなりません。しかし、おかげで時に、愉快なジレンマに直面させられます。個人の引き出しには、なまものは保管してならない決まりになっています。このルールがときどき破られるのです。ルール違反があるかどうかは、わたしたちの鼻がかぎ分けます。

あるとき、引き出しの主が旅行に出かけている間、臭いが漏れ出したことがあります。さて、そんな場合、どうしたらいいか？　答えを求めて、わたしたちは悩み抜きました。引き出しを開けて食べ物を取り出すべきか。それとも個人のプライバシーは、あくまでも守られるべきものなのか。議論は数日間にわたって続きました。

最後は結局、悪臭が耐えがたくなったのと、そろそろネズミが出て来る頃だという判断から、議論を打ち切らざるを得ませんでしたが……。引き出しを開けると、案の定、ありました。食べ物が腐って、ひどい悪臭を放っていたのです。

引き出しに鍵をかけない「信頼のシステム」は、子どもたちの間に定着していて、誰も何とも思わなくなっています。札入れやガマ口、その他の貴重品も、引き出しに入れっぱなし。だれも気にも留めません。

万が一、こうした「信頼のシステム」の決まりを破る子が出たら、わたしたちは速やかに対処します。違反者は、学校中の仲間から非難されるのを覚悟しなければなりません。

子どもたちの間の信頼と尊敬には想像以上のものがあります。あらゆるタイプの子どもが、信頼の絆で結ばれようとします。盗みを仕出かして保護観察中の子も、法のひとつやふたつを犯したことのあるティーンエイジャーも、このサドベリー・バレー校では「信頼のシステム」の熱心な支持者に生まれ変わります。

わたしたちは以前、自動車泥棒で身柄を拘束されたことのある十七歳の少年を引き受けたことがあります。その少年はこの学校で、だれよりも信頼に足る人間に変身を遂げたのです。

この「信頼のシステム」の背後には、「免許皆伝」の考え方が控えています。資格ありと判断された者だけが、仲間の信頼を背景に物事を成すことができる、という考え方です。

この学校の設備や機材のなかには、一定の訓練を積まないと使えないものがあります。暗室の機材がそうですし、事務室にも台所にも、コンピューター・ルームにも美術・工芸教室にも、下手に動かせば故障してしまうデリケートなものがたくさんあります。そこで、わたしたちは全校集会を開き、こんな単純なルールを決めました。動かし方を身につけた者だけが機材を使うことが出来る、と。

逆に言えば、ノウハウを呑み込んで使えるようになればいいだけです。あとは簡単。その問題について「免許」ありと判断され、自由に使うだけです。「免許」を出すかどうかは、その分野の「エキスパート」が判断します。免許をもらったら、その子も「エキスパート」です。だれがどの分野の免許皆伝の人間かは、校内に掲げられたリストを見れば一目で分かります。

操作に危険が伴う機材の場合、この免許皆伝方式は安全確保の点で有効です。危険の度合いが大きければ大きいほど、免許の審査は厳重なものになります。その審査の手続きはだれに対しても同じです。年齢に関係ありません。つまり、年下の子でも力が認められさえすれば、複雑な機械をいじることができるわけです。ですから、十一歳の子が暗室の機材を好きなように使って構わないのです。九歳の子が、台所で包丁を握っても問題ありません。年下の子は、慎重という点では誰にも負けません。自分の力が大人に引けをとらないことを証明しようと、真剣になるからです。

この免許皆伝システムのおかげで、子どもたちが「禁断の果実」の誘惑にかられ、自分の力のほどを顧みずに危険に忍び寄るようなことはなくなりました。

さて、この「信頼のシステム」をめぐって、一度だけ、ほんとうに困ったことがあります。コンピューターを導入したときのことです。わたしたちの目には、なんだかとても壊れそうな機械に見えて仕方ありませんでした。それに、夜中に誰かに盗まれたらどうしようと思うと、いても立ってもいられません。これはもう、夜はクローゼットのなかにしまいこみ、鍵をかけるしかないな、と考えたのです。そう、鍵です。かけてはいけないはずの、あの鍵——。

コンピューターを守るため、クローゼットに鍵を取り付けるかどうかをめぐって、わたしたちの議論は沸騰しました。賛成派の論理は、こうです。鍵をかけないといっても、学校のドアには夜、鍵をかけているじゃないですか。

反対派はこんな理屈を言います。ドアの鍵はですね、正確に言うと、学校の「中」にかけた鍵じゃない。ドアの鍵はあくまで、学校の「外」に向かってかけられた鍵なんです。しかし、コンピューターを納めるクローゼットの鍵は違う。事実上、それは学校の「中」の鍵ではありませんか。現実問題としては、学校の外部の人に向けた、内側からの鍵であるとしても——??

議論の結果、わたしたちは多数決で鍵をかけることに決定しました。議決の際、けっこう不満の声も上がったのですが……。同時に、コンピューターに「免許皆伝」の者だけが、クローゼットの鍵を持てることになったのです。

が、そんなルールも長くは続きませんでした。子どもたちの間に不満が募ったのです。それから数ヵ月後のこと、全校集会は圧倒的多数で、数百ドルかけてセキュリティー・システムを導入する特別支出を認めたのです。これで、クローゼットに鍵をかけることも、コンピューターを出し入れする必要もなくなりました。コンピューターをデスクの上に置きっぱなしにしても構わなくなったのです。

ルールを学ぶ

クローゼットの鍵が、周囲の歓喜のなか、恭しく外されたことは言うまでもありません。

サドベリー・バレー校では、これまでずっと、空き巣に入られることもなければ、校内破壊（バンダリズム）の被害に遭ったこともありません。校内での喧嘩沙汰もないのです。築後百年を超えたわたしたちの学舎は、すこし乱暴に扱えば、すぐガタガタになってしまうような代物です。それが今や、開校当時より立派に見えるくらいです。それは恐らく、建物のなかに「信頼のシステム」の雰囲気が満ち満ちているせいでしょう。

個人の尊厳を大事にする相互の信頼が、この学校を内側から支えているのです。

25 スポーツ・シーン

九月――。秋晴れの空が広がった日のことです。学校の中はもちろん、もぬけの殻。部屋にはだれもいません。

わたしは、裁縫室の大窓から子どもたちの様子を眺めています。芝生の上では目下、旗取り合戦が進行中。叫び声と笑い声が響きわたり、子どもたちは芝生の上を縦横無尽に駆け回っています。ゲームが終わったのは一時間後。子どもたちは、一人、二人、三人と引き揚げて来ます。喉はからから、お腹もぺこぺこ。でも、みんな意気揚々としています。

部屋に戻ると、こんどはゲームを振り返って、わいわいがやがや話し合いが始まりました。意気消沈している子は一人もいません。両チームとも、勝ったような雰囲気です。

毎度お馴染みの光景です。新学期が始まる秋の初めに幕が開け、冬、春、初夏へと続く年中行事なのです。アメフト、サッカー、橇《そり》遊び。アイスホッケーに野球、バスケットボールと、年がら年中、屋外スポーツのオンパレードです。ゴールポストがなくたって平気です。何かほかのもので間に合わせてしまいます。

スポーツの種類は何であれ、基本的なルールはひとつ。参加したい子は、だれでも参加できるのです。年齢や能力による選抜も、あるいはチームの定員といったものも、サドベリー・バレー校にはありません。

野球のチームが五人だったり、十五人だったりします。六歳の子と十六歳の子が一緒にプレーするのです。男の子も女の子もありません。

子どもたちのプレーぶりを注意して見ていると、おもしろい場面にお目にかかれます。

野球のゲームを眺めていたら、八歳になる子が打席に入りました。塁上の走者を迎え入れるチャンスです。でも、バットの振り方がいまひとつ。チームメイトが集まって来て、激励のカツを入れています。ピッチャー、投げました。あっ、打った……。チップ気味の球は、ピッチャーとサードとの間に――。バッターは一塁に向かって猛烈にダッシュ。あっ、セーフです。一塁セーフです。大歓声。続いて打席に入ったのは十八歳の男の子。チームのスター選手です。バットひと振り、打球は外野への大きなフライ。落下地点には十二歳の子がいて、グラブを構えて待っています。あっ、落としました。でも、野次ったりバカにする子は一人もいません。結局、走者一掃、二点の追加――。

こんな具合にゲームは続いていくのです。ヒットを打つこともあれば、空振り三振も。エラーあり、ファインプレーありのゲーム展開です。失敗しようが成功しようが、子どもたちのプレーぶりに変わりありません。試合の結果、ですって？――もちろん、何点取ったかスコアを記録している子はいます。その子に聞いてみれば分かるでしょうが、たぶん一〇対一ぐらいだったのではないでしょうか。

ヨガでリラックス

ゲームが終わったのは、試合開始一時間半後。みんな大満足です。意気消沈している子は一人もいません。仲間の失策を咎《とが》める子もいません。

そんな子どもたちの姿を見て、わたしはこんな思いにとらわれたのです。あの連中は、野球を「楽しんでいた」と。子どもたちは勝ち負けを超えて、ゲームを楽しんでいたのです。

そう、サドベリー・バレー校では、子どもたちは自分のプレーを楽しんでいるのです。男の子も女の子も、大きな子も小さな子も、年長も年下も、上手いも下手も。

そこには愉快な興奮、弾ける活動があるのです。子どもたちの「生」がそこにある。笑いが絶えないのはそのためなのです。それは、もちろん野球に限ったことではありません。あらゆる「スポーツ競技」においてそうなのです。「競争」が目的ではないのです。身体的な躍動を楽しみ、戸外の空気をいっぱい吸って、愉快な時間を過ごすのが目的なのです。

ある秋の日の出来事です。この学校の創立メンバーであるミムジーは、窓から外を眺めていて、あることに気づきました。それまで気にならなかったことが、急に気になり出したのです。開校以来十五年、子どもたちは、プロテクターもなにも着けずにアメフトを続けて来たのです。

そんな現実に直面して、彼女は衝撃を受け、うろたえてしまいました。放任していたことが、とても無責任なことに思えたのです。新聞には、ハイスクールのフットボールのゲームで重傷者が出た、といった記事がいっぱい載っています。実際、公立のハイスクールの中には、アメフトを禁止したところさえあります。心配のあまり彼女は、全校集会にアメフト禁止を提案しました。

この提案を話し合う全校集会は、サドベリー・バレー校史上、最も出席率の高い集会になりました。議論は冷静に、注意深く、言葉を選んだ、中身のあるものになりました。参加者の大半が、アメフトを楽しんでいる子どもたちです。彼・女らの発言から、実際に芝生の上で何が行われているか、この学校におけるアメフトなるものの本質が、しだいに明らかになっていったのです。

「サドベリー・バレー校では、体をぶつけ合うスポーツで怪我人が出たことは一度もありません」と、逞しいからだつきをしたティーンエイジャーが語り始めました。「それは、ぼくたちが互いに相手を傷つけまいと注意しているからです。それが、ぼくたちのゲームのルールなのです」。

別の子はこう発言しました。「アメフトのゲームをするより、州立公園に行く道路の方がもっと危険だよ」。

年下の小さな子どもたちも頷いています。アメフトでかつてラフプレーに遭った、と言う子はひとりもいません。

ミムジーの提案は他の重要議題と同様、二度、趣旨説明が行われ、二度にわたって全校集会での討議に付されました。採決の結果、大差で否決――。

提案者のミムジー本人が最後まで、当初の考えのままでいたかどうか、わたしは知りません。

「アメフト継続」を決めた全校集会の翌日のこと、わたしはバスケットボールのゲームを、かつてない注意深さで見守りました。ノッポの生徒も、背の低い子も、駐車場のアスファルト舗装を利用したコートで一緒にプレーを楽しんでいます。バスケットといえば、体と体がぶつかり合うスポーツなのですが、わたしの目の前で繰り広げられたゲームは案の定、サドベリー・バレー流でした。

体が大きな子は大きな子とぶつかりますが、小さな子に当たっていきません。小さな子は小さな子同士、ボールを奪い合っています。そして、大きな子に突っかかっていく。その姿は、象に取りつくブヨみたいなものです。でも、大きな子どもたちは、決して追い払おうとしないのです。

サドベリー・バレー校のスポーツは、プレーすることに意義があるのです。すなわち、スポーツとは、楽しむことと見つけたり。

そこに敗者はいません。あるのは、ただ勝者のみ――。

26 キャンプ

部屋から外へ飛び出しアウトドアの空気を吸うことは、少なくとも学校でインドア生活を送るのと同様、大切なことです。それは野外で遊ぶ子どもたちの表情を見れば、すぐ分かることです。その身体と動作に、それはハッキリ現れています。その自由な伸びやかさのなかに。

もう何年も前のことです。新学期が始まって一ヵ月くらい経ったころだと思います。急に、こんな考えが浮かんだのです。「学校のキャンパスでのアウトドアもいいけど、どうせならもっと本格的なものを。たとえば、ニューハンプシャーのホワイトマウンテンでキャンプするとか。そうすれば、昼も夜も、一日いっぱいアウトドアを楽しめるし……」。

わたしたちは早速、キャンプの参加希望者を募る掲示を貼りだしました。三十人が名乗りを上げました。大型のテントを借り受け、スタッフの車でキャラバン隊を編成、旅の準備を整えました。子どもたちも、それぞれ携行品を用意したのです。経費も、みんなで分担しました。

十月十日、いよいよ、フランコニア州立公園へ向けて出発です。みんな意気軒昂。ところが、キャンプ地に到着すると様子がちょっと変なのです。誰もいません。十月の、それも平日にキャンプに来る物好きは、わたしたちぐらいのものだったのです。

テントを設営してから近くの山へハイキングに出かけました。頂上からの眺めは、まさに絶景。キャンプ地に戻ると、わたしたちは焚き火を燃やし、夕御飯を食べ、幽霊の話で怖がったあと、寝袋に入って幸せな眠りに就きました。

その夜のことです。思いがけないことが起こりました。雪が降りだしたのです。降りやむどころか、降り積る一方。季節外れの雪は山間部に局地的なもので、わたしたちは運悪く、その場に居合わせてしまったのです。

午前三時。あたりは真っ白。一〇センチ以上の積雪です。雪の重さに耐えかね、テントがひとつ倒壊してしまいました。パニックです。

テントを別の場所に移して、もう一度、降雪の直撃から逃れるまで、結局、一時間もかかりました。夜明け前の冷え込みもきつく、わたしたちは寒さにガタガタ震えたのです。

朝、わたしたちはキャンプ地内のロッジに移って焚き火を囲み、暖をとりました。口に運ぶ朝御飯まで冷たく、服はぐしょぐしょ、辺りは冷え冷え。

わたしたちが、ほうほうの体で逃げ帰ったことは、いうまでもありません。

秋のキャンプ旅行に再挑戦したのは、それから十年後のことでした。前回、懲りているので、こんどはモナドノック山という、帰ろうと思えばいつでも帰って来れる、比較的、近場のキャンプ地を選び、それも初めから一泊の予定で出かけました。

秋のキャンプが不運なスタートを切ったからといって、われらサドベリー・バレー校のアウトドア派は、意気消沈などしません。結局、あれは時期が悪かっただけのこと。翌年の春には、またもキャンプ旅行の計画を発表、学校中、興奮に包まれました。

こんどは四日間のツアーです。あのフランコニアの悲劇も、いまや懐かしい思い出。子どもたちが「なんて、素晴らしい冒険だったんだろう」と、口をそろえて言うまでになっていました。わたしたちスタッフとしては、「あのどこが、そんなによかったのか」と疑わしそうに聞くしかありませんでしたが……。

悲劇の翌年から始まった春のキャンプ旅行の行き先は、ケープ・コッド。六月下旬、南に下って野外生活を楽しむ旅です。キャンプ地はニッカーソン州立公園内。六月ですので、雪が降り、再び悲劇に見舞われる心配は絶対ない場所です。

第一回の春キャンプは大成功に終わりました。湖で泳ぎ、森を歩き、海辺を訪ねて砂丘にのぼり、プロビンスタウンの町へ足をのばしました。六月の一週間をケープ・コッドで過ごす、サドベリー・バレー校の新しい伝統が出来上がったのです。

家を離れてテントで暮らし、自分のことは自分で面倒見れる子どもなら、だれでも参加できます。もちろん雨天決行。雨が降ろうと、だれも気にしません。海辺で着替える水着が、すこし早く濡れたな、といった感覚です。それに、雨雲が立ちこめていたら、日焼けを気にしなくていいし――。

そんな中で、間もなく「キャンプと旅行の学校コーポレーション」が結成されました。キャンプ旅行のほか、それ以外の旅行についても企画・運営する学校コーポレーションです。議論百出、とくにキャンプ旅行となると話し合いは白熱します。

あれは、最初のケープ・コッドへの旅が終わったあとのことでした。マージという女の子が、厳しい口調でこう批判したのです。

「なによ、あれ。あれがキャンプ旅行だって言うの？　リゾートホテルに泊まりにいったようなものじゃない。あれだったら、マイアミ・ビーチにでも行った方がよかった。泳いだり、ツアーに出かけたり、あったかいシャワーを浴びたり食事をしたり。椅子になんか座ったりして。あれがどうしてキャンプって言えるの？」

話し合いは、なかなか嚙み合いませんでした。それというのも、子どもたちの間に「キャンプ」に関する認識の違いがあったからです。大多数の子どもたちにとって、それは「素敵なアウトドアのバカンス」だったのです。

マージをはじめとする「純粋キャンプ派」は怒りました。本来あるべきキャンプの理想が踏みにじられたと思ったからです。しかし、彼女たちは話し合いの中で、相手の言わんとする「キャンプ」の意味に気づき、翌年も同じ方式での続行に同意しました。要するに、楽しければそれでいいのです。夏のキャンプのプログラムは、これで定まったのです。

フランコニアの悲劇の十年後に始まったモナドノックへの秋のキャンプ旅行は、新学期の恒例イベントとして定着しました。その数年後、こんどはバーモントのキリントンで一週間、スキーを楽しむ「冬のスキーツアー」が始まったのです。テントは持っていきませんが、ロッジに寝袋で泊まりがけ

木登りにチャレンジ

です。

もちろん、「純粋キャンプ派」も負けてはいません。夏山を目指すツアーを組織したり、真冬のクロスカントリー・スキーツアーに出かけたり、独自の活動を続けています。ただし、少数の本格的なアウトドア派による本格的なツアーで、そうそう頻繁に行われるものではありません。しかし彼・女らは、出かけたいと思ったら、いつでも出かけます。ツアーを組織できたら、さっさと出発していくのです。

「純粋キャンプ派」のマージが「キャンプ旅行」に異議を唱えなくなったのは、前にも言いましたように、それなりの意義がそこにあったからです。それぞれが、そこで自分を見つめることができるからです。それから間もなく、マージはこんな提案をしました。

「自分で自分のことが出来ないからといって、年

大木の廻りをソロリ、ソロリ

少の子どもたちばかり置いてきぼりになるのはおかしいんじゃない。年上の子がケープ・コッドに行っている間、学校のキャンパスにテントを張って、せめて一晩、泊まってみるのはどうかしら」

彼女の提案に、年少の子どもたちは大喜び。群れをなして参加申し込みをするほどの人気でした。

こうして毎年六月上旬、ケープ・コッドに出かけるには幼すぎる子どもたちのため、学校のキャンパスにテントを張る一泊キャンプがサドベリー・バレー校の伝統に加わったのです。幼い子どもたちは、そこでキャンプ生活の手ほどきを受けるのです。そうして、いつかキャンパーとして独り立ちしていく。これがサドベリー・バレー流のキャンプ学習です。

マージはいまや、キャンプが本格的なものであろうとなかろうと気にも留めません。いずれ、そうしたキャンプもどきを経験した子どもたちのなかから、自分と同じ本格的なアウトドア派が出てくるものと期待しているからです。彼女の努力により「純粋キャンプ派」が増える確率が、それだけ確実に高まったのですから。

27 係と委員会

サドベリー・バレー校の学校運営は、全校集会で選ばれた「係」または「委員会」の手に委ねられます。係も委員会も、毎年、新学期の初めに選出されます。

わたしたちがこの学校で何としても回避したかったこと、それは官僚機構の蔓延です。知らないうちに増殖を続け、最後にはわたしたちの視界を曇らせてしまう、あの官僚制に浸食されたくなかったのです。わたしたちは、学校運営についても、サドベリー・バレー流を貫き通そうとしたのです。

日常的にどうしてもこなさなければならない仕事が出てきたら、全校集会で話し合い、仕事の中身を明確化し、文書に残します。そして、その仕事の担当者を選出する。選ばれるのは、生徒あるいはスタッフのうちの一人。一年交代で務めるのです。係を特定の人間に固定するようなことはしません。

電話のメッセージはきちんと記録しておくべきじゃない？　手紙は管理しなくていいの？　オフィスの資材管理はどうなっているの？　ファイルはちゃんと整理できてる？――これはもう、「オフィス係」がいなければどうにもなりません。

学校の設備に目配りする人はいなくていいの？――もちろん、いた方がいいに決まっています。そこで生まれたのが校舎を管理する「ビル・メンテナンス係」と、校地を管理する「グラウンド係」です。

人手とさまざまな知恵が必要なもっと大きな仕事の場合、「委員会」が結成されます。現在、サドベリー・バレー校には図書の管理、インテリア・デザイン、PR（パブリック・リレーション）などの委員会があります。

「係」は生まれ、やがて消えていきます。仕事を進めていくうちに、重要性が薄れる場合があるのです。消えたかと思うと、いつの間にか復活するケースもあります。わたしにとって、係のひとつが全校集会で廃止されるときほど、うれしいことはありません。官僚制に屈伏しない、わたしたちの誓いの証だからです。

以前、「オープン&クローズ係」というのがありました。朝、学校のドアの鍵を開け、夕方、戸締りをする係です。鍵の管理も、この係の担当です。係ができて数年後、オープンとクローズの際のチェックリストが生まれ、そのリストの指示に従えば、だれでも鍵を開け閉めできるようになったのです。そして、鍵をいま誰が持っているか一目で分かる、単純なモニター・システムも考案されました。こうなると、鍵の開け閉め専門の係は必要ありません。係は廃止されたのです。

「来訪者係」というのも、かつてはありました。絶え間なくやって来る見学者の流れを取り仕切る係です。最初の何年かは、これはもう大変な仕事でした。わたしたちのありのままの姿を見せなければならないし、そればかりにかかずりあってもいられません。しかし、経験を重ねるなかで仕事のコツが分かり、だれでもできる簡単な仕事に生まれ変わったのです。任務はPR委員会に引き継がれ、

昼食をつくる

係は廃止されました。

新しい仕事が、突如、地平線から姿をのぞかせることもあります。

わたしたちは開校後、しばらくたってから、あることに気付きました。かなりの数の卒業生が、学校とコンタクトをとりつづけたいと願っているのです。時々、ぶらっと学校にやってきては、わたしたちと旧交を温める卒業生がけっこういるのです。で、わたしたちは、こうした同窓生たちとコミュニケートする仕掛けをつくることにしたのです。全校集会で討議の結果、「同窓会係」が生まれたのです。

というと、同窓会係が生まれるまで、物事がトントン拍子に進んだように聞こえかねませんが、事実はその逆。官僚制を回避する原則も、行き過ぎるとこうなるという、恰好の実例になってしまったのです。

全校集会を開いて「同窓会係」を選んだのは、必要性が指摘されてから、実は五年もあとのこと。それまでは、個人の善意に頼って非公式に仕事を任せていたのです。学校側がモタモタしている間に、卒業生たちが自分たちで「サドベリー・バレーの友」という同窓会組織を発足させました。これに対して、わたしたちは「いつまで続くことやら」と、事態の推移を見守る態度を二、三年もの間、取り続けたのです。そしてとうとう、長い懐妊期間と試練の末、「同窓会係」を誕生させるに至りました。

そのようにサドベリー・バレー校は、官僚が官僚を増殖し続ける、あのパーキンソンの法則とは無縁な場所なのです。

「係」を二分するという場合も、稀にはあります。官僚制を膨らませるわけで、そんな真似はしたくないのですが、仕方ありません。「係」を二分しなければ、係の担当者本人が股裂きにされかねないケースもあるのです。

サドベリー・バレー校には「入学係」がいて、以前は入学に関する一切を取り仕切っていました。志願者へのインタビューから書類作成、学費の徴収まで、入学手続きの全てを担当していたのです。それはひとつのまとまったプロセスだから、一人で仕切るのが一番と、わたしたちは考えていたのです。

それは間違いでした。係の人間が矛盾に引き裂かれてしまったのです。志願者に面接するということは、面接される側にとって、学校を代表する最初の人間と向かい合うことを意味します。入学を希望する子どもや親にとって、「入学係」は友だちであり問題を解決し不安を解消してくれる相談相手なのです。

そこに「お金」が絡んでくると、事態は一変します。金銭をめぐるトラブルほど、人間関係を急速かつ徹底的に破壊するものはありません。人生の同志と思って肩を組んでいた「昨日の友」も、いったん金にまつわるいざこざが起きると「今日の敵」へと一変するのです。

「入学係」が学費の徴収に乗り出すと、同じようなことが起きるのです。「昨日の友」だった親子が、「仇敵《きゅうてき》」に変化するのに時間はかかりません。催促の電話一本で十分なのです。「さっさと金を払えだって？　ひとのことを追い立てやがって。この悪党めが。あんたのこと、いい人だと思っていたよ。こっちの事情も分かってくれていると思っていた。それが、こんな人間だなんて夢にも思わなかったよ」――。

結局、わたしたちが「係」の鋼鉄の神経がボロボロになっているのに気づくのに、十八年もかかってしまいました。ようやく光が兆して、遅まきながら問題の在り処《か》を照らしてくれたのです。さっそく、わたしたちは「入学係」を廃止し、代わって「面接係」と「出納係」を設けました。いまや「面接係」は、後顧の憂いなく相談に乗ることができるのです。ただし「出納係」は、胃薬で胃の痛みに耐えるか、白旗を掲げ早期引退を申し出るか、どちらかを選ばなければなりませんが――。

28 清掃

「清掃」ほど、この学校を悩まし続けたことはありません。わたしたちは、最初から、自分たちが清掃に責任を持つのは当然のことと考えていました。それは、わたしたちの好みの考え方だったのです。サドベリー・バレー校は、わたしたちの「巣」。散らかっていれば片づけるのが当然です。

開校が迫ったころ学校にいたのは、もちろん準備に余念のない、わたしたちスタッフだけ。ということは、つまり、清掃もわたしたちスタッフがしていたわけです。開校後は子どもたちもいるわけですが、初めから彼・女らを巻き込むわけには行きません。学校に慣れ、サドベリー・バレー校なるものを理解してもらうのが先決です。つまり、わたしたちスタッフがそのまま定期的に掃除を続けたわけです。

「定期的に」と言いましたが、それはこういうことです。毎日、学校が終わると、箒やモップやバケツを手に、学校の隅から隅まで掃除して回るのです。キャンパスに落ちたゴミを拾って歩く。わたしたちにとって、それは何の問題もない、素朴な行為でしかありませんでした。誇りにさえ思っていたほどです。ところが、その清掃作業が大論争を巻き起こしてしまったのです。

開校間もない「避雷針の日々」（第21章を参照）において、父母の多くはボストン地域の有名大学の学者でした。彼・女らは、学者という職業にプライドを持っていたのです。彼・女らの考えに従えば、教師であることは高貴なる目的のため身を捧げることにほかならなかったのです。モップを手にするには、あまりに高貴な職業だったのです。

親の一人が言いました。「あなたがたは、子どもたちの目の前で自分の足元を掘り崩している。掃除をすることによって、知的価値を貶《おとし》めているのですよ。子どもたちには、そう見えるのです。それが分からないのですか」。

別の一人はこう言い立てます。「子どもたちのモデルとしては相応《ふさわ》しくありませんね。あなたがたが身を持って示さなければならないことは、ほかにあるんじゃないですか。清掃員にしたくて子どもを通わせているわけではありませんよ」。

三人目の親の非難は、もっと痛烈です。「子どもたちに教えていない理由が良く分かりました」。わたしたちの「自学・自習の哲学」に、もはや我慢がならないようなのです。「掃除のような雑用ばかりしているから、教える時間もないわけだ」と。

不思議なことに、そんな親にかぎって、清掃をどうしたらいいか気にもかけないのです。清掃奉仕を買って出てくれる人もひとりもいない。学校に掃除をしてくれる人を雇う余裕がないことを知っているのにかかわらず、助けようともしないのです。

やがて、わたしたちは、そんな親たちが何を考えているか、すこしずつ分かってきました。一九六〇年代の政治の嵐のなかで活動した親も、けっこういたのです。彼・女らの高貴なる政治的な主張のなかに、「恵まれない少数派の生活向上」が含まれていました。そんな活動の延長で、わたしたちの清掃問題を考えていたのです。

リーダー格の親のひとりが、ある日、学校に乗り込んで来て、決然たる表情で提案しました。「清掃問題を解決する提案があります。だれもが利益を得る解決策が。この学校のスタッフは、いますぐ雑用をやめるべきです。それに、この学校には貧しい有色人種の少数派がいませんね。わたしの提案は、この二つの問題を同時に解決する一石二鳥の策です。貧しい都市部の子どもたちの学費をタダにして入学させ、その代わり掃除をさせたらいいじゃないですか……」。

この提案をめぐって全校集会は激しい討論の場と化しました。提案を否決したわたしたちは、以前にも増して決然たる思いを込め、モップを握りしめたのです。

反対派の親たちは、やがてこの学校を去っていきました。

清掃をめぐる議論は、その後、なんども交わされました。親が全校集会に乗り込んできた数ヵ月後、わたしたちは全校を挙げて清掃に取り組むべきだと考え始めました。教師がモデルを示す時期は過ぎたのです。そろそろ生徒と教師が一緒になって清掃し始める頃合でした。

わたしたちはボランティアによる清掃システムを立ち上げようと努力しました。「清掃係」がボランティアの調整に当たり、必要な洗剤などを管理する仕組みをつくったのです。わたしたちが校舎に使っている建物はだだっ広く、掃除するにも分担する必要がありました。

「清掃係」は、その後何年もの間、勇敢に闘い続けました。ボランティアも集まって来て、清掃と取り組んだのです。しかし、それ以上、長くは続きませんでした。一日一回の清掃が、週に一回になっていったのです。

その週一の作業も、やがて、ほんの一握りのスタッフと生徒だけで行うようになったのです。「散らかしたい連中には好きなだけ散らかしてもらったらいい。その代わり、拾うだけ拾ってもらおう」。こうジャックが言ったのも、そのころのことでした。彼の考え方は、しだいに支持を広げて行ったのです。

全校集会で、またも意見が闘わされました。全ては水泡と帰したいま、学校というデモクラティックな社会として、清掃という基本的な生活サービスを維持するために何をなすべきか？――サドベリー・バレー校は、一枚の草案をめぐって議論を沸騰させました。そして、結局、絶望感にとらわれながら、強制的な清掃システムをスタートさせたのです。年齢にかかわらず、全員が一定の期間、清掃に従事することを決めたのです。

しかし、それによって事態は一向に改善しませんでした。「清掃係」は二重の困難を抱え込んでしまったのです。何よりもまず、強制的な清掃システムを動かしていかなければなりません。そして、毎回、納得の行く結果を出さなければならないのです。やる気のない人間を動員しても、結局、手を抜かれるのが落ち。わたしたちの場合も例外ではなかったのです。

それからまた二、三年が経過しました。「清掃係」に選ばれた子どもたちは、皆、燃え尽きてしまいました。そして学校は、ちっとも綺麗にならないのです。

もう一度、初めからやり直しです。理想主義者のハリーが、強制的な清掃割り当てを廃止しようと、こんな提案を行いました。

「どうせなら、本気で掃除してもらおう。そのためには、手当を支払うのが一番。学校のなかから清掃員を雇えばいい。小遣いがほしい子は、いっぱいいるはずだよ」

この提案も、すんなりとは受け入れられませんでした。本来なら自分たちですべき仕事なのに、学校の予算を削ってまでどうして、という批判が出たのです。しかし、もはや選択の余地などありません。ハリーの提案は全校集会で認められ、彼自身が「清掃係」に選出されたのです。清掃員を雇用するための予算も小額ながら、必要な分だけは認められました。

ハリーは早速、全力投球で仕事に取りかかりました。校内の一角に、「ハリーの清掃サービス」と書いた専用デスクを置き、雇用から手当の支払いまで、精力的に業務を進めていきました（清掃員として清掃業務に従事し、仕事をきちんと終えた子に証書を発行、それと引き換えに手当を支払うシステムです）。細かな清掃スケジュールを作成し、清掃員の希望者にはトレーニングまでする熱の入れようです。

このトレーニングこそ、実はハリーの生き甲斐だったようです。彼自身、かつて一度だけプロの清掃チームに加わって仕事をしたことがあり、そのとき覚えたノウハウを生かしたかったのです。清掃員希望者は、正式の雇用を目指してハリーの指揮下、訓練を受けなければなりませんでした。

たしかに、偉大なる実験ではありました。が、ひとつ問題がありました。ハリーの狙い通りにはうまくいかなかったのです。仕事に熱の入らないのは、雇い入れた生徒も同じ。動機が動機なので、一〇〇%力を発揮してくれなかったのです。

学校は再び、汚れが目立つようになりました。もう一度、清掃問題の仕切り直しです。

幸いなことに、子どもたちも今度ばかりは、恥というものを感じていたようです。結局は、みんなの学校なのです。自分から進んで掃除するのは、当然のことなのです。

全校集会は例によって議論百出、もめにもめました。しかし、最終的には、みんなもう一度、やる気を出して、自分たちの尊厳を守る方向で一致したのです。

ボランティア・システムによる清掃――結局、この線に落ち着くしかなかったのです。そして、それは今や、サドベリー・バレー校の新しい伝統です。大掃除には週末をつぶし、父母に応援してもらう伝統も生まれました。助っ人として必ず顔を出す親も、けっこういます。大学で教えている親でさえも、掃除の手伝いに来てくれるようになりました。時代は変わったのです。

「清掃係」にも変化の波が押し寄せました。全校集会が、このポストの廃止を決議したのです。なり手のない不人気のポストだったからです。

清掃ボランティアを組織する仕事は、「美学と学校使用に関する委員会」の手に委ねられました。

「美学と学校使用に関する委員会」――清掃に、何と相応しい委員会名でしょう。何とエレガントな！――。

29 奇跡の予算

サドベリー・バレー校のもうひとつの伝統、それは学校の金庫がいつも空だということです。

わたしたちが学校をつくろうと考えたのは、一九六六年のことでした。そのために、どれぐらいお金がいるか、わたしたちは教育の専門家に聞いて回りました。「少なくても二十五万ドルは必要ですよ」と、ある人は言いました。それがわたしたちが得た回答のなかで最低の額だったのです。お金のないわたしたちからすれば、それが二千五百万ドルであっても、どのみち、たいした違いはなかったのですが。

わたしたちが、個人的にそれぞれぎりぎりまで借り込んで用意できたお金は、全部で四万ドル。これでやるしかないと、わたしたちは覚悟を決めました。

一年がかりの物件探しの末、十エーカーの土地が付いた築後百年の古い邸宅が見つかりました。売値は八万ドル。ただし、頭金は二万ドルで、あとは月払いでOKという願ってもない条件です。手持ちの現金を半分出すだけで、建物と土地が自分たちのものになるのです。

しかし、そうなると、手元に残るのは二万ドルきり。これで、建物を修理し、設備を買いそろえ、「学校ができます」とPRしていかなければなりません。現実問題としてわたしたちは、開校までに早くも破産状態に立ち至っていたのです。

みなさんの中には、そんな邸宅を破格の安値でどうして手に入れられたか、不思議に思われる方もいらっしゃることでしょう。実はわたしたちも不思議でなりませんでした。まさか幽霊屋敷とは思いませんでしたが、いろいろ調べても、変な理由は見つからなかったのです。答えは、この物件を購入してから数ヵ月後に判明しました。邸宅の敷地に大きな池がありました。水車小屋のために川を堰き止めて造った池です。盛土でできたそのダムに問題があったのです。決壊の危険が専門家から指摘された問題のダムだったのです。わたしたちは今や所有者ですから、ダムを補強する義務があります。前の持ち主は、この義務から逃れたくて邸宅を投げ売りしたのです。

土木業者に改修の見積もりを出してもらうと、一番安くて五万ドル。これはもうダメかと天を仰いだとき、救いの神が現れました。わたしたちの窮状を聞きつけて、フラミンガムで一番大きな土建屋のマル・ストーカーが、こう言ってくれたのです。「うちの会社の連中に仕事をさせてくれないか。四千ドルはかかるけど、どうかな?」約束通りマルは、それっぽっちの金額で仕事をきちんと済ませてくれたのです。マルには永遠に感謝し続けなければならないでしょう。わたしたちは、決して恩義を忘れません。

スタートからこんな状況だったものですから、わたしたちは倹約と緊縮予算がどれだけ大事なことか、骨身に沁みて分かっているつもりです。どんな小額の支出でも、厳しく篩《ふるい》にかけます。そんななかでわたしたちは、本当に必要なものがいかに少ないかという事実に気づきました。どうすれば安くて良いものを手に入れられるか、中古品はどうすれば見つかるか、ただでもらうにはどうしたらいいか、わたしたちはさまざまなサバイバルの方法を学びとったのです。

なかでも、「それなしで済ませる」技術、「別なもので間に合わせる」方法を学んだことは、結果的に大いに役立ちました。ここサドベリー・バレー校でも「母なる必要性」は、大いなる創意工夫を呼んでいるのです。

倹約の背景には、わたしたちなりの考え方もありました。わたしたちの何人かは大学に勤めていたころ、どこからか研究費の助成を取って来る名人だったのですが、それゆえにこそサドベリー・バレー校は政府の補助や財団の援助を仰いではならないという、自主独立の思想を貫き通すことで一致していたのです。

もちろん、ヒモつきでない贈り物はありがたくいただきます。しかし、わたしたちとしては、生徒の授業料だけで学校を成り立たせていこうと考えていたのです。

わたしたちはまた、こうも決意しました。サドベリー・バレー校を、特権的な富裕層にだけ開かれている閉鎖的な私立校にしてはならないと。そのためにはもちろん、授業料はかなり低い額に抑えなければなりません。それが、わたしたちの基本原則だったのです。

授業料の目安として、わたしたちは公立学校の生徒一人当たりの経費と同額かそれ以下に抑える方針を採りました。つまり、サドベリー・バレー校は、予算的に地元の公立校と同じか、それより安上がりのコストで子どもたちを引き受けるわけです。

わたしたちは考えました。もし、サドベリー・バレー校が成功すれば、公立学校としてもウカウカできないはずだと。経費的には、少なくともわたしたちと同じことを、やれないはずはないからです。

こうしてサドベリー・バレー校は、手持ちの資金もなければ資金援助もなく、敢えて授業料収入を低く抑えた状態でスタートしたのです。

サドベリー・バレー校の会計年度は早春から始まります。全校集会を開いて新年度の予算を決定します。予算編成の手続きはシンプルで徹底しています。何事もゼロから考え直す「ゼロベース予算編成」の方法を採っています。学校コーポレーション、委員会、係が、それぞれ自分たちの活動を最初から徹底して見直し、次の年の事業計画を決定します。そして、それに必要な額を計上する。予算案は全校集会に提案され審議に付されるのです。

予算案を審査する全校集会は、数回にわたって開かれます。支出を増額せよ、との修正案が審議の中で出ることはめったにありません。予算要求が減額されることも、ほとんどなくなりました。そうした予算案の審議と最終的な確定作業に一ヵ月半ほどかかります。いったん予算ができあがれば、あとは実行あるのみ。予算の執行は滞りなくスムーズに行われます。これが、わたしたちの「ゼロベース予算」ですが、歳出の抑制効果は抜群です。

たとえば、米国の生活費の水準は一九六九年から一九八四年の間に三倍近くアップしました。学校運営のコストは全米平均で四倍も上昇しました。この間、サドベリー・バレー校の運営費は二倍以下の低い伸びを示しただけです。授業料についても同様。公立学校の生徒一人当たりの経費との比較では、年々その差が開き、サドベリー・バレー校の方が安上がりになる一方です。私立学校との比較では、その三分の一のコストで済みました。

先程も述べましたように、サドベリー・バレー校では全校集会が、あらゆる支出のリクエストに対し厳しい監視の目を注いでいます。その実際の姿を実例でお目にかけたいと思います。

サドベリー・バレー校の建物は古い石造りの大邸宅ですが、石油の給湯システムで暖房しています。この暖房費の上昇をいかに食い止めるかが開校以来の頭痛の種です。

一九六九年から一九八四年の間に起きた出来事は、実に教訓的でした。石油ショックあり、ＯＰＥＣあり、エネルギー危機ありで、この間、石油の値段は六倍以上に跳ね上がったのです。

どうすれば暖房費を抑えることができるか？――わたしたちは経費削減の道を探して悪戦苦闘を続けて来ました。わたしたちはまず、他に見習って、暖房温度を華氏七〇度から六五度に引き下げました。そして、さらに六三度まで落としたのです。そこまで下げても、十分、暖かだったのです（なにしろ、わたしたちは新大陸への入植者の末裔なのですから）。

夏休みをカットし、その分クリスマスと新年の休暇を二週間取り、厳寒期の二月にさらに一週間の休みを取る方法も考えだしました。夜間、そして学校が休みの週末は、室内気温をさらに下げる自動サーモスタットも購入しました。隙間風を防ぐことも忘れませんでした。隙間という隙間をふさいでいったのです。燃焼効率の高い石油バーナーも、思い切って買いました。稼動に難があるのですが、とにかく動かし続けて来ました。この結果、この十五年の間、サドベリー・バレー校の石油代は、倍ちょっとになっただけで済んだのです。

こうした例は日常的な支出のあらゆる項目で繰り返されています。しかし、だからといって、わたしたちがお金を出し惜しみしているわけではありません。必要なら出します。お金を節約する支出であれば、躊躇することはないのです。

開校当時、わたしたちは周囲の人々からよく、こう聞かされたものです。

「あなたたちは、校内の規律とかプログラム面ではデモクラシーの学校として、あるいは成功するかも知れません。しかし、財政面になると必ず失敗します。お金のことでも全員に一票の権利を行使する権利を与えるそうですが、そんなことをしたら、即、行き詰まってしまいますよ」

そう警告してくれた人が、いかに的外れだったか……。サドベリー・バレー校では、子どもも大人も、学校がうまく行くのを目の当たりにしたいと心に決めているのです。いつだって、財政的に健やかであれと願っているのです。この学校で、これ以上徹底して同意が成立している事柄を、わたしはほかに知りません。

伝統には常に奇跡の物語がつきものです。宗教においてしかり、古代史においてしかり、お伽話においてしかり。魔法のランプや秘密の洞窟、マジカルな石など、およそあり得ないものが登場し、欠乏を満たしてくれるのです。

その意味では、サドベリー・バレー校にも伝統が存在します。毎年、わたしたちは「奇跡の予算」が姿を現す場面に遭遇しているのですから。

「奇跡の予算」は、わたしたちが必要とする全てを、なんらかの形で満たしてくれているのです。文字通り、奇跡的に――。

30 スタッフ

開校した最初の年、十二人が無給で一年間、フルに働き通しました。一人や二人という話ではありません。十二人が、です。

わたしたちのほとんどは、それ以前、無関係な赤の他人でした。政治的な活動の同志でもなければ、何かの会の会員同志でもなかったのです。サドベリー・バレー校の教育理念に貢献しようと念じて、その一点で集まった仲間なのです。

わたしたちが、「サドベリー・バレー校」の構想を地域社会に明らかにしたのは一九六七年のことでした。わたしたちの呼びかけにこたえ、百人以上もの人々がサドベリー・バレー校で働きたいと集まって来たのです。多士済々、ありとあらゆる職業の人々が参加を申し出てくれたのです。そのなかから結局、わたしたち十二人が残り、最初の一年間を頑張り通したのです。わたしたちは、最初から無給を覚悟しました。サラリーに回す金など、あるはずがないと、初めから分かっていたのです。

開校後一年間で、いくつかの「形」が出来上がりました。

まず、「スタッフ」という、わたしたち自身の呼び名です。普通の学校には、「教諭」「管理者」「用務員」「事務員」といった、いろいろな職種があります。肩書がいっぱいあって、上下関係がしっかり出来上がっているのが教育の世界です。そうした組織の系統図をわたしたちは、一切、受け容れない点で一致していました。

ことサドベリー・バレー校に関する限り、「職業」はただひとつです。求人広告的に言えば、こうなります。「求む・サドベリー・バレー校のコンセプトに共感し、そのコンセプトを実現するため、しなければならないことを実行してくれる人」。

これだけで、全てを言い尽くしているのです。わたしたちは皆、「スタッフ」なのです。その基本において、違いはまったくありません。

決まった勤務時間もなければ、パンチカードもありません。朝早く学校へやって来て、学校が終わるまでいます。そして、し残した仕事を片づけて帰る。最初のころ、わたしたちは、その日の出来事を話し合い、積み残した問題があればその解決策を探るスタッフ・ミーティングを毎晩、開いていました。それが、次第に必要に応じて週に一、二回となり、月に一、二回になって行ったのです。

子どもたちにいつか参加してもらおうと、わたしたちは掃除を毎日、続けました。わたしたちは、仕入れ、大工仕事に地ならし・園丁、運営実務から講師、チューターまで、ありとあらゆる役回りをこなしました。

わたしたちはまた、子どもたちから頼まれない限り「与えない」仕方を学びました。子どもたちの年齢とか発達段階とかいうものに関わりなく、彼・女らの内面的な成長を妨害しないよう、身を引く術を学んだのです。わたしたちにとって実は、これが一番、難しいことでした。自分をコントロールしないと、なかなか出来ないことなのです。あたらしくスタッフに加わったメンバーは、このことで今も苦心しています。

これについて、創立以来のサドベリー・バレー校のスタッフであるハンナ・グリーンバーグは、こんな風に書いています。

何もしないということ

「どこにお勤めですか？」

「サドベリー・バレーという学校です」

「そこで、何をしてるんです？」

「何も」――

サドベリー・バレー校で「何もしない」ということは、とてもエネルギーがいることです。自分をコントロールできなければならないし、何年もの経験が必要です。わたし自身、新しい年が来るたびに少しずつ理解が進んでいる、といった程度です。「何もしない自分」と闘う心の葛藤。それは、わたしにもありますし、ほかのスタッフにもあることで、避けられないことです。

一方に、子どもたちのために何かしてあげたい、知識はもちろん人生経験から学んだ知恵を子どもたちに授けたい、と思う気持ちがあります。そして、他方、子どもたちは自分の力、自分のペースで学ぶのが一番、という真実がある。

その二つの狭間に立って葛藤が生まれるのです。しかし、結局のところ、わたしたちスタッフをどう使うかは、彼・女らの意思次第です。わたしたちが決めることではありません。

もちろん、教えること、勇気づけること、アドバイスすること――これらはみな、あらゆる文化、すべての社会において、子どもに対して行うべきごく自然な大人たちの行為です。これがなければ、新たに生まれて来た世代は、全てを一から創り出さなければなりません。車輪の作り方から十戒、金属加工、農業と、何から何まで、すべてをやり直さなければならないのです。

人間はその知識を世代から世代へ、家庭や地域社会、仕事場の中で――そして恐らくは学校において――伝えているのです。

ところが不幸なことに、学校が生徒たちを指導すればするほど、彼・女らに害を与える結果に終わっているのです。この点については補足説明が必要でしょう。なぜなら、その前の文章で、わたしが指摘した内容と一見、矛盾しているからです。つまり、大人はいつも、子どもたちが世界に分け入る手伝いをしているし、子どもたちの役に立っていると書いたくだりと、学校うんぬんのくだりが、内容的にまるで逆になっているからです。

しかし、事実はまさにその通りなのです。ゆっくりと、痛みさえ感じながら、長い時間をかけてわたしが学んだこと――それは、子どもたちは大人たちが考え及びもしない方法で、自分たちに関する重大な決断を下している事実でした。それゆえ、わたしは自分自身に向かって「何もしない」ことの大切さを語り続けているのです。そのことに上達すればするほど、わたしの仕事の中身も良くなるからです。

ここで皆さんに誤解していただきたくないのは、サドベリー・バレー校のスタッフが、不必要な存在、つまり「余計者」ではない、ということです。

事実上、学校を動かしているのが子どもたちであれば、スタッフが、ぶらぶらするのも仕方がないことだと、当然お思いのことでしょう。事実は、「学校」が、そして「生徒たち」が、「わたしたち」スタッフを必要としているのです。わたしたちがサドベリー・バレー校にいるのは、この学校を組織体として、子どもたちを自立した個人として守り育てるためです。

自分で自分の方向を定め「我が道」を進んでいくことは、単なる時間潰しでは決してなく、自分の時間を生きることにほかなりません。それは自然な、ナチュラルなことなのです。しかし、それが、この現代文明に生きる子どもたちにとって、自明のことかというと、そうではないのです。そうした自立した精神の状態にたどり着くために、ある環境が必要なのです。核家族よりもっと大きなスケールの、援助と安全が約束されたファミリーのなかで育つ必要があるのです。

わたしたちスタッフは、やたら指示したり、強制することはありません。逆に、注意深く慈しみ育てようと願っています。その勇気づけに応え、子どもたちは「内なる自分の声」に耳を傾けるようになるのです。

子どもたちは知っているのです。わたしたちだってその気になれば、ほかの大人たちと同様、うるさく指導するだけの力があることを。わたしたちがそれを自ら拒絶していることが、結果的に「教育の道具」として役立っているのです。自分の半分も理解していない他人の指示に従う前に、まず、自分自身の内なる囁きに耳を澄ましなさいと、子どもたちに教えているのです。

子どもたちは、わたしたちスタッフがあれこれ指示しないからといって、わたしたちが何かに欠けていたり、無内容な人間だなどとは思っていません。むしろ、彼・女らにとって、わたしたちのサポートとケアは、彼・女らが「我が道」を切り開いていくうえで重要な弾みになっているのです。

もちろん、自分自身のために自分自身の力で道を切り開いていくことは、努力と勇気のいることです。それは、「孤立の真空」のなかでは生起しません。わたしたちスタッフが安定的に維持するサドベリー・バレー校の躍動的かつ有機的なコミュニティーのなかで、次々に生まれ出るものなのです。

さて、話は開校当時に戻ります。最初の一年が過ぎたころ、わたしたちも一人前のタフなベテランになっていました。論争の夏の陣、秋の陣をくぐり抜け、それなりにたくましく成長していたのです。

わたしたちは二年目をどうするか話し合うため集まりました。とにかく、まだ学校が存続していることだけでも、わたしたちにとっては嬉しいことだったのです。お金はどこを見渡してもありません。前の年の方がまだよかったのです。

「もう一年、ただ働きすればいいだけのことじゃない」と、スタッフの一人が言いました。

「いや、それはやめた方がいい」と、もう一人が反論します。「最初の年はかっこよくても、二年目になったら気の抜けたビール。ダラダラ続けたって流行らないよ」と。

「当たってるな」と、わたしたちは思いました。援助はタダで、と思う方が間違いなのです。わたしたちは労働の尊さを信じていましたし、働いた分だけお金は支払わなければならないという原則に立っていたのです。が、そう思っても、ジレンマは一向に解決しません。それ相応のサラリーを手にできれば、それに越したことはありません。でも、先立つものが、からきしないのです。

解決策は、ある閃《ひらめ》きのなかから生まれました。

とにかく、スタッフはみなそれ相応のサラリーを手にする権利があります。しかし、学校に金はない。となると、残る道は「貸し」にしておくしかありません。でも、それを正式な労務債にしてしまうと、学校財政の健全性が損なわれ、信用がなくなってしまいます。そこで考え出したのが、条件付きの債務返還（サラリー支払い）方式。いつかお金が余るときが来たら、その場合に限り、支払う仕組みです。

「給料積立制度」。これがその仕組みの呼び名でした。そのシステムを契約にまとめる作業は七面倒くさく、中世のスコラ哲学者でなければ興味を持ちそうにない作業でした。でも、実際の仕掛けは簡単。必要経費の全てを差し引いたあとに現金がいくらかでも残っていれば、それをスタッフで分けるだけ。その額がサラリーの支給予定額を下回れば、その差が「貸し」になり、それ相応の剰余金が出るまでは、いつまで経ってもお金は支払われない、という制度を作り上げたのです。

で、実際にどれぐらいの金額がサラリーとして支給されたかというと、開校二年目の場合、フルタイムで働いたスタッフが家に持ち帰った給料は、年額で数百ドル。その後、緊縮財政が功を奏して、十五年目には一万二千ドルになり、それ以降、わずかながら増えているのが実態です。

さて、「ニューイングランド大学・学校協会」の認定委員会が、サドベリー・バレー校を協会の認定校として認めるかどうか、調査に訪れたことがあります。一九七五年のことでした。

委員会のメンバーは、サドベリー・バレー校でわたしたちが行っていることを、なんとか理解しようと努めてくれたのです。メンバーはみな、他の有名私立校の教育者たちです。彼らの経験からして、戸惑うのは当然のことでした。

わたしたちは開校当初から、認定校として認められる重要性に気づいていました。自力で成功を納めたいと願うと同時に、教育界における「正式」の承認を得ておきたかったのです。ですから、何とかして協会の目をサドベリー・バレー校に向けたかった。しかし、いくら視察に来るよう申請しても、最初のうちはなしのつぶて。どうやら、他のオルタナティブ・スクール同様、早めに消えてなくなってくれ、と願っていたらしいのです。

でも、わたしたちは頑張り通しました。そして協会も、最終的に視察に同意したのです。

視察に来た委員会の代表と、ある朝、校舎に向かって並んで歩いていたときのことです。学校管理者として経験を積んだ目で、古い邸宅を転用したわたしたちの校舎を見ながら、代表はこう言ったのです。「どうやって、この大邸宅を維持してるのですか？　屋根のスレートを換えるだけでも、費用が相当かかるでしょうに」。

「それについては、こう決めてるんです」と、わたしは答えました。「学校を続けて行くために、わたしたちは修理でも何でもする覚悟なんです」。

「しかし、費用はどうするのですか。失礼ながら、お金の出所はないんじゃないですか」

「出所はスタッフのサラリーです」と、わたしは答えました。「とにかく、学校の必要が最優先です。ほかの必要経費を全部支出したうえで、お金が残ればスタッフのサラリーになる。この点でわたしたちは、完全に一致しています」。

「そこがサドベリー・バレー校とわたしたちとの違いなんですね」。委員長は感慨深げにこう言いました。「わたしの学校では、初めにスタッフの必要ありき、ですよ。それが何であれ、スタッフの必要が最優先されるのです。屋根にだって穴が開きますよね。建物だって壊れるのに……。本当はそれが問題点です。サドベリー・バレー校のスタッフの学校へのコミットの仕方は、ほんとうにユニークですね」。

委員会が全員一致でサドベリー・バレー校を正式の認可校と認めてくれたのは言うまでもありません。

このように仕事はたいへん、サラリーも含め常に「どうなるか分からない」状態なのに、サドベリー・バレー校のスタッフの顔ぶれは何年経っても、ほとんど変わりません。ときどき、新しい「血」が加わるだけです。

「どうなるか分からない」と聞いて、疑問を持たれる方もいらっしゃることでしょう。「どうして身分的に不安定なの?」と。実は、サドベリー・バレー校のスタッフには「任期」というのがないのです。全校集会が、スタッフとして認めるかどうか決めるだけです。毎年、春に、翌年のスタッフが選出されます。希望者はだれでも名乗りを上げることができます。

全校集会は、サドベリー・バレー校がスタッフに何を求めているか話し合います。そして、スタッフ希望者一人一人を順番に組上に乗せていきます。無記名の秘密投票で採否が決まるのです。もちろん、全員に投票の権利が与えられています。そんな仕組みなので、わたしたちとしても安穏としてはいられません。

たまに、採用が否決されることもあります。新人が採用されることも、ときたまあります。古い血と新しい血がミックスされるのです。創立メンバーのスタッフ十二人のうち、六人が二十年ちかく経ったいまも、まだ残っています。引退した人が一人、採用を見送られた人が二人、三人はほかの仕事でサドベリー・バレー校を去って行きました。

この学校のスタッフは、才能の面でも、経歴の面でも、まさに多士済々です。博士号を持っているのもいれば高卒の者も。芸術家あり、知識人あり、専門職あり、技能者あり、といった具合です。老若男女、一通り揃っています。卒業生も何人か、スタッフとして舞い戻って来ました。

いまや、わたしたちは一九六八年の開校当時と比べ、政治的・社会的な繋がりをさらに薄めています。変わらないのは共通の絆だけです。サドベリー・バレー校の賑わいを、この目で見続けたいという思いは、いまなお不変です。

31　小さな子どもたち

事務室の電話が鳴っています。

八歳になるデボラが受話器を取り上げました。

「サドベリー・バレーです。何か御用でしょうか」

声の響きに幼さを感じて、電話の主は一瞬、戸惑ったことでしょう。そして、大丈夫かなと思いながら、この学校について質問をしたに違いありません。

「ちょっと、お待ちください」と、デボラが答えました。「だれか、分かる人を探して、電話に出てもらいます」。

デボラは早速、近くにいたスタッフに声をかけ、電話に出てもらいました。

電話はこれで完全に繋がったのです。電話の主は、デボラの声を聞いただけで、わたしたちに関する最も大事なことを学んだはずです。サドベリー・バレー校では、みんなが対等なのです。平等な扱いは、もちろん幼い子どもたちにも当てはまることです。

さて、台所でマーガレットと一緒にクッキーを焼いているのは六歳になる四人組です。スローではありますが、着実にクッキーたちがどんどん生まれていきます。ついさっきまで整然としていた台所も、雑然たる混沌へ向け着実に突き進んで行きます。

「さあ、ちゃんと片づける時間だよ」と、マーガレットは声を張り上げます。海軍で培った経験は時間の無駄を許しません。

子どもたちは一斉に後片付けを始めます。アリスは流しの前に椅子を置き、その上に乗って皿洗いを始めました。アリスに汚れた皿を渡しているのはモリーです。ジェイコブとエリックはテーブルを拭き、床の掃除をしています。

「そこの隅のところ、きれいにしてちょうだい」。マーガレットの声がガンガン響きます。余った材料を仕舞い込みながら、汚れた場所はないかと目を光らせているのです。エリックが、言われた場所に飛んで行きました。ゴミ入れを手に、ジェイコブが追いかけていきます。

二十分後、クッキーづくりも、台所の後片付けも、全部、終わりました。みんなが自分の分担をさっさと済ませたのです。小さな子どもたちの「か弱さ」に、だれも配慮などしません。

八歳の子が大人と並んで電動タイプライターをたたいています。使い方を覚え、その習得ぶりが証明されれば（これは大人にも適用される基準ですが）、だれでも自由に動かせるのです。十歳の子が木工機械を動かすかたわらで、九歳の子はろくろを回しています。あらゆる年齢の子が、近くのノブスコットの店までピザを買いに出掛けていますし、州立公園まで足を伸ばしています。あるいは、小さな子が堂々とゴルフ用品の店をのぞいてみたり。

わたしたちは何年もの間、世間をまどわせる教育的言辞と闘って来ました。「小さな子どもたちのために特別な配慮が必要ないとでもおっしゃりたいのですか」という、アレです。

サドベリー・バレー校では、彼・女らも全校集会の正式メンバーなのです。一票の権利を保持しています。同じルールに従っているのです。そんな子どものどこが「特別」なのでしょうか。それ以上に特別な配慮が、どこにあるのでしょうか。

わたしたちも全校集会で、幼い子どもたちに対する「特別配慮」の問題について議論を重ねて来ました。話がまとまらず、何年間もたなざらしにした後ふたたび議題にする、といったようなことを綿々と続けたのです。しかし、何度議論をしようと、年の差を理由に異なった扱いをする結論には決して立ち至りませんでした。サドベリー・バレー校の原則が、それを許さなかったのです。この学校は、幼い子どもたちだから配慮するという考えを支持しなかったのです。


もちろん、最年少の子と最年長の子の間に違いがあることは事実です。しかし、その「違い」たるや、幼い子の方がより自立的であり、物事をなし遂げていくリソース（資源）にあふれている、ということなのです。より想像力にあふれ、より努力家で、忙しく立ち働いているのです。すこし年をくってからサドベリー・バレー校に来た子と、この学校に幼くしてやって来た子を比べれば、その違いは一目瞭然です。

幼い子どもたちには「時間がない」のです。時間を持て余すことがない。話をしたり、食べたり、じっと座ってることにさえ夢中なのです。ゆっくり歩みを進めるということがない。すぐに駆けだすのです。それでいて疲れを知らないのです。少なくとも、家に帰るまでは。

彼・女らは大人の目をストレートに見て、はっきり物を言います。たじろいだり、ためらったりしません。そして礼儀も正しい。自信があり、はっきりしています。

だから、この学校を初めて訪れた人は、我が目を疑うのが常です。「あなたがたは、特別いい子だけを選んで入学を許可しているのではありませんか」と、訪問者は尋ねます。「なんて賢く、なんて生き生きした子どもたちばかりでしょう」と。

わたしたちは答えます。サドベリー・バレー校は開かれた学校です、と。だれでも入学できるのです。そして実際、だれもが入学してきます。

そんな馬鹿な、とお思いの方も多いことでしょう。こんな子どもたちが、特別に選ばれた子じゃないなんて……と。しかし、本当のところ、みんな「ふつうの子」なのです。

スペインのある探検家は、だれもが若返ることができる「青春の泉」を生涯探し続けました。「そんなこと、することなかったのに」と思います。子どもたちとともに時を過ごせば、それだけで伝説の泉が心に湧いて来るのですから。

幼い子どもたちと付き合えば、どんな偏屈な大人でも童心を取り戻すことができます。いつもピリピリしている怒りっぽい十代の子も、笑顔を回復するのです。

サドベリー・バレー校のティーンエイジャーたちは、年下の幼い子どもたちのエネルギーとバイタリティーに触れ、自分自身のエネルギー、バイタリティーを甦らせているのです。幼い子どもたちの命の息吹が目の前にあることによって、ただそれだけで自分の力が回復するのです。幼い子どもたちの生のほとばしりは、煩わしいことでもなんでもないのです。ティーンエイジャーたちは、やがて小さな子どもたちに本を読んであげることでしょう。一緒に活動し、一緒に遊ぶようになるのです。昔の人が当然のことと考えていた、世代間の触れ合いが現実化するのです。

子どもの本で最も人気のある本と言えば、『クマのプーさん』でしょう。

作者の英国人、ミルンはその自叙伝で、児童書は後にも先にもこれ以外、書いたことがなく、この『クマのプーさん』にしても、お金がすこし欲しくて遊び心で筆を執ったと回想しています。児童書の書き方も知らず、大人たちに喜んでもらおうと、その一心で書きつづけたというのです。

この本はすぐ評判になり、時代を超えたベストセラーになりました。

わたしが初めてこの本を読んだのは八歳のとき。今でも、数年おきに読み返しています。それは、この本のなかに、わたしの「心の中の子ども」に対しアピールする何物かがあるせいです。

この本が、子どもたちの「心の中のおとな」に訴えかけるように、わたしのなかの「永遠の子ども」に何かを語りかけて来るのです。

思うにサドベリー・バレー校は、「クマのプーさん学校」です。

わたしたちは、幼い子どもたちを、あくまで一個の大人として見ています。

そして、そんなサドベリー・バレー校という場が、人生の峠を越えたわたしたちの心に、「永遠の子ども」のエネルギーを日々、充電してくれるのです

32 「良い子」と「悪い子」

年上の子どもたちがサドベリー・バレー校にやって来る経路はさまざまです。そして、わたしたちに一連の挑戦状を突きつけるのです。

もちろん、この学校にいる年上の何人かは、幼いころから在籍していた子どもたちです。しかし、半数以上は途中で転校して来た子どもたちです。

こうした編入組は二つのグループに分けることができます。ひとつは、前の学校で成績はよかったけれど（つまりは優等生）不幸せだった子どもたちです。もうひとつは、前の学校で「戦闘状態」にあった子どもたち（「問題児」のレッテルを貼られた子どもたち）です。そして、ときにはその二つを併せ持つ子どももやって来ます。

こうした子どもたちと付き合うなかで、わたしたちは貴重な教訓を得ることができました。

サムがサドベリー・バレー校にやってきたのは十六歳のときでした。周りの世界と一緒に時を刻むことがない、孤立した状態で転校して来たのです。一年もの間、サムは座ったきりで何もしないでいました。サムを知る人たちは、わたしたちがよくもまあ好き好んで入学を許可したものだ、と思ったといいます。

暫くしてサムは、自分自身と折り合いをつけ自分の人生を考えるようになりました。転校二年目の終わりに卒業した彼は、大学に進んだのです。宝石の輸入業を手がけるなど有為転変を経て大学を卒業し、カイロプラクティックの学校を修了したのです。

いまやサムは、カイロプラクティックの治療者として大成功を収めています。

サドベリー・バレー校にたどりつく前、サムはどの学校からも厄介者扱いされていました。ところが、わたしたちの学校では最初の年から、常に素直な性格の良い子でした。

やがてサムの目に光が戻って来ました。自分の人生を前向きなものに変える方法を、このサドベリー・バレー校で見つけたのです。そして、ついには、ほかの転校生がこの学校に適応するのを手助けするようになったのです。


ロバートは十四歳にして筋金入りのドロップアウト。早くも一人前のアル中になっていて、関係当局の頭痛の種だったのです。ロバートを知る人は皆、彼の悲惨な若死にを予想していたほどです。

ロバートは結局、サドベリー・バレー校に四年間いました。その間、自分自身の生を着実に再建していったのです。自分の考えを表現し、言葉できちんと言えるようになったのです。その自己表現力の豊かさには、時に驚くべきものがありました。

やがて、彼は読むことを始めました。愉快に遊ぶことも出来るようになりました。自分自身の将来に明るい展望を持てるようになったのです。

自分を痛めつけることもだんだんなくなり、ついには健康を気づかうまでになりました。そんな中で、救急医療への関心が彼の心に芽生えました。ロバートは卒業後、厳しい訓練を続け、やがて救急隊のリーダーになったのです。

彼の医療サービスへの関心は、さらに強まりました。その後、大学に進み、看護士の資格を取得するまでになったのです。

サドベリー・バレー校でロバートは、見違えるほどに生まれ変わり、常に明るく、常に開けっ広げでした。自分の殻に閉じこもっていたのは最初のうちだけ。見る間に社交的で友情に満ちた子どもに成長していったのです。サドベリー・バレー校にきてからというもの、周囲に迷惑をかけたことは一度もなかったのです。

サドベリー・バレー校には毎年、「問題児」がやって来ます。だれもが匙を投げた、社会から遺棄された子どもたちです。自動車を盗んだ子、他人を中傷してばかりいる子、薬物依存の子、アル中、学校恐怖症の子、あらゆる社会的な反抗分子……。

前の学校を追い出されたか、学校に行くのを完全に拒否した子どもたちです。サドベリー・バレー校では、そうしたさまざまな転校生たちを、ある同じ態度で処遇しました。

彼・女らの自由を彼・女に返してあげたのです。そして自分自身の運命をコントロールするという、重大な責任を背負ってもらった。もちろん、彼・女らを抑えつける人間は、この学校には一人もいません。

わたしたちのメッセージは、やがて彼・女らの心の奥深いところへ届いて行きます。自由とオープンな空気、友情と年齢ミックスがひとつに結びつき、彼・女らの心を和ませ、現実へと引き戻すのです。

開校間もない頃は、この癒しのプロセスはときに一、二年に達しました。しかし、時間の経過とともに、先輩の転校生が新しく入って来た後輩にアドバイスするようになり、傷ついた転校生を受け入れる上で大事な役割を果たすようになったのです。転校生の「自己発見」のプロセスは今や、より早く始まり、急テンポで進むようになっています。

わたしたちが引き受けた「問題児」のなかで、最も極端な例はステラという女の子でした。この子も十四歳にして手の付けられない札付きの少女となり、地元の町の教育委員会が扱いに困って、サドベリー・バレー校に厄介払いして来たのです。

教育委員会で彼女の学費を肩代わりをするので、是非、面倒を見て下さいというわけです。あとで調べたら、この学費公費負担による体のいい放校処分は、実は違法行為だったのです。

しかし、教育委員会側も彼女を追い出して、それで頬かぶりして済ませるわけにはいきません。ステラがサドベリー・バレー校でどう過ごしているか、チェックせざるを得なかったのです。彼女の地元の町から毎年、教育委員会の調査グループがサドベリー・バレー校にやって来るようになりました。彼女のおかげでサドベリー・バレー校がつぶれていないかどうか。つぶれていないなら、本当に彼女が通学しているかどうか、確かめて帰って行くのです。

そんなステラでしたが、自分自身と向かい合うまで、それほど時間はかかりませんでした。卒業までに彼女は、やがて大学院で心理学の修士号を優等の成績で取得し、その後、多産な小説家として活躍する人生行路を、いつの間にか心に決めていたのです。

ステラもロバートもサムも、わたしたちにとっては今や馴染みタイプの、ほんの一例に過ぎません。こんな「問題児」を見るにつけ、わたしは開校間もないころの全校集会を思い出さざるを得ません。優等生タイプの一団が、ほかの子どもたちの批判を始めたのです。態度が悪いから、この学校から追い出した方がいい、というのです。「ぼくたちは全校集会に出て、あらゆる点でみんなの手助けになろうと努力している。この学校が欲しいのは、ぼくたちみたいな生徒なんでしょう。ところが、あの連中ときたら、一日中うろついてばかり。しなくちゃならないのをサボってばかりいるし」。

そんな発言を聞いて、わたしはひとつ大きく深呼吸したあと、やや気色ばんで、こう反論したことを覚えています。

「あの『悪い子』たちの方が、君らよりこの学校に生きる意味をよく知っているよ。連中は自分自身の生と格闘してるんだ。それで今のところ精一杯なんだよ。ところが君たちの場合は、他人を喜ばせようと、そればかりに気をつかっている。自分自身のことを、ちっとも知ろうとしないじゃないか」

実際問題として、サドベリー・バレー校では「問題児」の方が素晴らしい行いをしているのです。それはもう、ほとんど例外がないと言って構わないほどです。家庭のサポートがあれば、これはもう一〇〇%間違いなし、と言っていいでしょう。

理由は簡単です。「問題児」であることは、闘いを放棄していないひとつのサインだからです。こうした子どもたちの尊厳を破壊し、矯正し、ふつうの鋳型に押し込もうとしても、彼・女らは闘いをやめないのです。屈伏を拒否するのです。反抗するだけ元気があるのです。

たしかに、彼・女らのエネルギーが自己破壊的な行為に向かうこともあります。しかし、その同じエネルギーが、抑圧的な世界との闘いからひとたび解放されれば、自分自身の内面世界の構築へと速やかに流れを変え、よりよき社会の建設へと向かいさえするのです。

サドベリー・バレー校では、かつての「問題児」が一人、二人と生まれ変わり、次々に学校生活の質の向上に貢献して来たのです。

この学校で困難に直面するのは、むしろ「優等生」たちの方です。教師に気に入られようとばかりしているので、この学校に来たその日から途方に暮れてしまうのです。

「気に入ってくれる先生はどこ?」と、あたりを見回して考え込んでいます。前にいた学校の教師と似たタイプのスタッフを探し出しては、気に入られようと試みるのです。

所詮、それは無駄なこと。サドベリー・バレー校のスタッフは、お褒めの「花マル」を付けてくれません。

さあ、困った。これから先、どうしたらいいか……。

「優等生」たちの適応のプロセスは、痛みを伴うものにならざるを得ません。ほかの子は皆、自分より賢く、頭がよくて、出来るから、自分だけが気に入られないんだと、妙に納得しようとしたりします。「クラスの一番」になる競争は、サドベリー・バレー校ではまったく意味のないことです。だいいち、競争自体が存在しないのですから。

社会の犠牲者とは「問題児」ではなく、実はこうした「優等生」なのです。何年もの間、外部の権威に寄り掛かってばかりいたので、自分自身がなくなってしまったのです。目から光が、心の奥からは笑いが消えてしまっている。破壊的な行動は起こさなくとも、自分で建設するということを知らないのです。

こんな子どもたちにとって、自由とは恐ろしいことなのです。こうしなさい、ああしなさいと、だれも命令してくれないのですから。

こういう場合の「癒し」は困難で、時間がかかります。

最も有効な薬は、「退屈」の大量投与です。これが効くことがときどきあるのです。この学校には学習を組織してくれるプログラム・ディレクターはいませんから、「優等生」たちは時にそのまま「無為」の世界へ迷い込んでしまいます。彼・女らの「退屈」が耐えがたいまでになったとき、ほんとうの絶望の中から立ち上がり、自分なりの生の枠組みを作りだそうとする気力が生まれるのです。

わたしたちは、その「反転」の瞬間がその子に到来する瞬間に、前もって気づきます。そして、その「反転」のプロセスを見守ります。その瞬間は遅かれ早かれ、いつかはやって来るものなのです。しかし、可哀相なのは、苦痛に耐えなければならない「良い子」たちです。したくもないのにさせられ、そのうちに習い性になった服従のつけが、こんな形で回って来たわけですから。

この学校に幼いころ来て成長した子どもたちは、「問題児」になることも「優等生」になることもありません。幸運な子どもたちなのです。それは、表情を見るだけで分かります。自分自身に安らぎ、環境のなかでリラックスしているので、自分の目標を見失うことなく、浮き沈みに対処できるのです。

サドベリー・バレー校に対する誤解を解き切ることは所詮、無理な相談かも知れません。ある人は言います。「優秀な生徒ばかり集めているから、自由にさせていても大丈夫なんでしょう。でも、ふつうの子どもたちには、おたくのような自由放任は通用しませんよ」。別の人は、どんな子でも受け入れるわたしたちの姿を見て、こう結論づけます。「この学校は、異端児のための学校ですね。ふつうの子に相応《ふさわ》しいところではありません」。見る人によって、こうも違うのです。

そう、わたしたちは、世間にはなかなか理解してもらえないことをしているのです。それは、あらゆる子どもに同じ態度で接することから始まります。この学校で子どもたちは皆、自分自身の課題を背負い、自分で責任を持って生きていかねばならないのです。ただ、それだけのことです。そこには秘密の処方箋もなければ、癒しの仕掛けも、マジックもありません。

子どもたちは皆、自分自身のなかに、自分の人生と向かい合うだけのものを持ち合わせているのです。サドベリー・バレー校の子どもたちには、それを見つけ、使い切る自由があるのです。

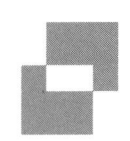

33 父母

大半の学校にとって、子どもの親というものは煩《わずら》わしい存在です。文句は言うし、批判はするし、まともに応対したらきりがありません。最悪の場合、子どもの教育にあれこれ干渉しようとさえする――。

サドベリー・バレー校は違います。

開校以来、親たちはこの学校に欠かせない存在なのです。親たちの支援と協力がなければ立ちいかない学校であることは、初めから分かりきったことでした。

初めに親の責任ありき――これがサドベリー・バレー校の教育の原点です。

子どもをこの世に来たらしめたのは、言うまでもなく親たちです。子どもが独立するまで育てるのは、親たちの聖なる義務です。その親の仕事を援助するために学校はあるのです。親の仕事を免除するためにあるのではありません。少なくとも、この国においてはそうです。

子どもたちは、家庭での生活、成長が彼・女らの内面と調和がとれている、そのときに限って人間としての全体性を保つことができるのです。その意味で、親子の世代間の葛藤は、子どもたちにとって好ましいものではありません。癌や心臓病と同じくらい有害です。そんな病気にかかることを推奨する人は、まずいないでしょう。

親たちの責任について、こんな議論も成り立ちます。

授業料を支払っているのは親たちであり、学校運営への参加は権利である、と。

言うまでもなく「代表なくして納税なし」は、アメリカ独立のパワーの源になったスローガンです。

親の学校参加は、それと同じことなのです。

サドベリー・バレー校は寄宿制の学校ではありません。ですから、親たちは車で毎日、子どもを学校まで送って来ます。そこで、わたしたちは毎日、学校に顔を出す親たちに、ちょっと手伝っていただけませんか、とお願いするわけです。

いずれにせよサドベリー・バレー校では、親たちはわたしたちの同志、友として、一緒に肩を組み合う間柄です。それがわたしたちの考えです。もともと、その考えに沿って学校を開いたわけですから。


サドベリー・バレー校の親たちは、サドベリー・バレー学校協同組合のメンバーであり、投票権を持っています（スタッフも、子どもたちも同様です）。いま、わたしが「メンバー」と言う表現を使ったのは、この学校が非営利の組織で、配当を求める株主がいないからです。あくまで学校を運営する「メンバー」であり、その一人なのです。

こうしたメンバーが集まって開く会議を「総会」と呼んでいます。年に一度、開かれ、重要な政策決定に携わります。授業料の決定、予算の承認も、この総会の場で行われます。

お姉さんが読み聞かせ

この総会で基本事項が決まると、その決定に従い、こんどは全校集会が学校を日常的に運営していく仕組みです。

父母には、学校運営に参加する権利が保障されているだけではありません。学校に来て、子どもたちの学習を手助けしてもいいし、一緒に学んでも構わないのです。サドベリー・バレー校でも年に何回か、夕食会、ピクニック、オークション、ダンス大会といったイベントがあります。こうしたイベントの一方の主役は、親たちです。

学校と父母とのかたい絆は、面接時から始まります。入学を希望する本人だけでなく、親にも（できれば両親にも）学校に来てもらい、面接インタビューを受けてもらいます。入学する子どもの教育に、父母の協力がどれだけ大事かを、はっきり認識してもらうためです。

実際のところ、面接の最大の狙いは、父母に理解を深めてもらうことなのです。わたしたちは、選別や選抜のためにインタビューをしているのではありません。ときには何時間も、サドベリー・バレー校の教育哲学や実践を説明し、父母の質問に答えます。絆の基礎を固めるためです。

先生と一緒に

実は開校当時のスタッフ十二人のうち、半分の六人がこの学校の子どもたちの父母でした。この学校のスタッフで、自分の子どもを他の学校に通わせる親はほとんどいません。

学校と積極的にかかわるうちにスタッフになってみたくなり、立候補した親も何人かいます。

学校という「風景」の中に父母が加わることで、コミュニティー感覚がより一層、強まります。マサチューセッツ東部の各地からわが子をこの学校に通わせ、初めて知り合った親たちですが、やがて共通の関心で結ばれ、お互い知り合ってよかったと思う仲になります。

サドベリー・バレー校では、毎日が「父母の日」です。親も学校の一員なのです。

この学校では、それ以外の形で「父母の日」はあり得ません。

34 参観者

サドベリー・バレー校では、毎日が「参観日」でもあります。来客がひっきりなしということもしばしばです。

一九六〇年代の初め、わたしは学校とはどういうところなのか、見学して歩いたことがあります。ところが、見学を申し込んでも拒否されることが多かった。参観を拒絶する学校の余りの数の多さに、わたしはショックを受けました。

わたしは現実を知らなかったのです。教育者なら、喜んで自分の授業を見せようとするものだと、素朴にも考えていたのです。いわゆる「フリースクール」も、外部の人間にドアを閉ざしていたのです。

わたしたちは、サドベリー・バレー校を可能な限り地元のコミュニティーに対して開かれたものにしよう、と決心しました。わたしたちが何をしているか、見てもらいたかったのです。わたしたちと議論し、できることなら納得してもらいたかった。いつまでも、ユニークな変わり種の学校という評判のままでいたくはなかったのです。

わたしたちとしては、サドベリー・バレー校のプログラムをそのまま採用してくれたり、少し手を加えて使ってくれる学校ができればできるほど、嬉しいのです。

そんなわたしたちですから、だれかが見学に来てくれることは、願ったり叶ったりのことでした。なにしろ、こちらから出向かずにPRできるわけですから。まさに「論より証拠」です。証拠を目の当たりにした生き証人を、たくさんつくり出せるのです。

しかし、参観者にとって、サドベリー・バレー校を見学し理解することは、そうかんたんなことではありません。参観者のほとんどは、「あそこはちょっと違った学校だ」という噂を聞いてサドベリー・バレー校を訪ねて来るのです。「違った学校」を自分の目で確かめたくてやって来るのです。

ところが、この「学校」という言葉が曲者なのです。わたしたちにとって、「学校」とはこのサドベリー・バレー校のことですが、世間の人が考える「学校」は違います。教室があって、机が並んでいて、そこに、子どもたちと教師がいて、ベルが鳴って、給食室があるという、あの「学校」のイメージなのです。このイメージをサドベリー・バレー校にも重ね合わせようとするのです。

ですから、サドベリー・バレー校に車で乗り付けた参観者たちは、駐車場に車を置いて、まずびっくりします。キャンパスの至る所に子どもたちがいて、駆けっこしたり、遊んだりしているのですから。「きっと、休み時間なんだ」。参観者たちはそう考え、納得するしかありません。

建物の中に入って、職員室はどこかと尋ねます。十回に九回は小さな子が応対に出て来て、礼儀正しく、にこやかに案内してくれるでしょう。「まだ小さいのに、なんて大人びているんでしょう」。参観者たちはそう思うに違いありません。「早熟っていうのかしら。一人前の大人ね。この学校の例外中の例外かも知れないけど」。

職員室には大人が一人もいません。子どもたちが出たり入ったりしています。タイプライターを叩いている三人は、いずれも十歳の子どもたちです。

「えっ、どうして？　この学校じゃ、大人は一人も仕事してないの？」

参観者がついに見学者担当のスタッフとめぐりあえるのは、大概、そんな疑問が湧いたあとのことです。でも、とにかく大人と会えたのです。ほっと一息。ようやく、学校参観らしくなって来たのですから……。

サドベリー・バレー校を理解するには、ちょっと見学しただけでは不十分です。それに、そこに何があろうと、自分の見たいものだけを見てしまうというのがわたしたちの習い性。未知のものに囲まれると、どうしても自分の理解できる範囲内で理解しようとしてしまいます。これは避けられないことでしょう。

こうした参観者の来訪は、わたしたちにとって喜びです。たとえ彼・女らが当惑の色を見せるにしても……。

が、ときには無礼な参観者もやって来ます。

「何年生？」。九歳の子どもに向かって不躾《ぶしつけ》な質問をしているのは、そんな参観者の一人です。

「学年なんかないよ」

「何、勉強してるの？」

「別になんにも」

「読めるの？」

「読めるよ」

「社会科、勉強しなくちゃと思わない？」

こうなると、沈黙するしかありません。なんなんだ、この参観者は？……

「まさか勉強しないで、大学に受かるとでも思ってるんじゃないだろうね」

こうなると、もう答える気にもなりません。

黙りこくった子どもを見て、参観者氏、我が意を得たりとレクチャーを始めます。

が、我慢もここまで。応対していた子どもの方は、アホなことにこれ以上、付き合っちゃいられないとばかりに、どこかに逃げ出してしまいました。だれだ、こんなヘンなヤツをこの学校に招き入れたのは、というような顔をして。

わたしはこれまでに何度も、この種のやり取りを耳にしました。わたしたちとしても最初は黙っておられず、一生懸命、反論したものです。しかし、いまはもう、すっかり慣れっこ。「またか」と思ってやり過ごしたり、肩をすくめて見せるだけです。

参観者のなかには、この学校にフレッシュな空気を吹き込んでくれるタイプもいます。サドベリー・バレー校のことを素早く理解し、リラックスした気分で滞在をエンジョイするような人々です。

入学の面接インタビューで、ときどき、こんなやり取りをすることがあります。

「わたしたちの学校のことを、どうやってお知りになったのですか」

「随分前のことですが、一度、参観しに来たことがあるのです。そのころ、わたしは学生で、クラスの仲間と一緒にサドベリー・バレー校に見学に来たのです」

「それ以来、ずっと覚えていてくれたわけですね」

「参観して、とてもよかった。とても素晴らしい時間を過ごせたものですから。それ以来、この学校のことが忘れられなくて……。子どもが学齢に達したので、早速、入学の手続きにうかがった次第です」


参観がきっかけとなってボランティアになった人もいます。スタッフに仲間入りした人もいます。真剣にスタッフ入りを希望する人には、時間をかけて参観してもらいます。自分の方から、もう少し見学を続けさせて、と言う希望者もいます。こうした特別参観は、数週間、あるいはそれ以上に及ぶことがあります。

一日かぎりの参観はフリーパスですが、二日以上になると全校集会での許可が必要になります。許可が下りれば、参観者は学校の一員として受け入れられるのです。子どもたちと自由に交流し、遊んだり教えたり、仲間に加わったりします。

参観者がこの学校を知り、わたしたちが参観者の人となりを知るのに、それほど時間はかかりません。

新しくスタッフになったメンバーは、こうしたプロセスをくぐり抜けた連中です。もっとも、ここがどんなところか確かめもしないで、こんな変わった学校で働く決心をするような人は一人もいないでしょうが。

スタッフの仲間入りを希望してサドベリー・バレー校に居すわる人のなかには、驚くほど鈍感な人がいます。熱帯アフリカの草原にいるのに、スーツを着込んで紅茶を飲んでいる英国の植民者のようなタイプの人たちです。周りのことなど気にも留めない、尊大な連中です。

「わたしは教師として優秀だと思いますよ」。こう言ってのけるタイプもいます。「わたしが教えたら、子どもたちはきっと大喜び。ええ、それは保障します。参観している今からもう、そうなんですから」。子どもたちが喜びそうなゲームを次から次へと繰り出して、この指とまれと参加を呼びかけるのです。

この手の人間に、初めてお目に掛かる子どもたちも中にはいます。そんな彼・女らにとって、尊大な教師も物珍しさの対象でしかないのです。

だから、最初のクラスは子どもたちが集まって来て大賑わい。「さあ、楽しいゲームを始めるよ」と、自称「教育者」は嬉しそうです。しかし、楽しいゲームとは名ばかり。算数を教える「教育的」な意図のもとにつくられたゲームなのです。わたしたちスタッフは「教育者」の指導ぶりを見ながら、こんなのに居すわられたら大変なことになると、背筋が寒くなったものです。「サドベリー・バレー校の子どもたちは、この手のゲームに慣れてないから、虜《とりこ》にされてしまうかも知れない」と、一時は真顔で心配したものです。「こういうことには免疫がない子どもたちだから」と。

一週間後、「教育者」はサドベリー・バレー校を失意のうちに去って行きました。子どもたちから拒絶されてしまったのです。この「教育者」が何を狙っているか、子どもたちはすぐ悟ってしまったのです。

実はわたしも、この「教育者」と同じ目に遭ったことがあります。三歳の長男にニンジンを食べてもらおうと、美味しそうに口をモグモグしてみせたあと、「これはうまい」と大袈裟に演技してみせたのです。これに対し、我が長男坊は「ぼくは人参、きらいだよ」と、ぴしゃり一言。それで一巻の終わりでした。

子どもたちは、わたしたちが考える以上に、はるかに賢くできています。いろんな意味で、わたしたち大人以上に賢くできているのです。

サドベリー・バレー校では、そういう賢い「自分」を伸ばしていけるのです。この学校の子どもたちは、感情的にも身体的にも脆《もろ》くありません。

わたしたちが参観者をどんどん受け入れているのは、そのためもあります。参観者が来たからといって、サドベリー・バレー校の毎日に変化が現れることはありません。

無礼な参観者には、お引き取りを願うだけです。

素敵な参観者には、そのまま居ついてもらいます。

35 自由と正義

公正な扱いを受けること――それは、どんな社会にあっても、かんたんなことではありません。とくに学校では、どうあがいても、理不尽な扱いから逃れられないことが多いのです。

わたし自身、忘れられない思い出があります。十一歳のときのこと、わたしは数学の授業に飽きてしまい、睡魔と闘っていました。

眠気から覚め、無意識のうちに両腕を頭の上に伸ばしかけたときのことです。手応えのなさに業を煮やしたスパルタ教師の声が、教室に響きわたったのです。「お前ら、こんなことも分からないのか。分かるヤツは手を挙げてみろ」。そう、わたしは何が何だか分からないまま、手を挙げていたのです。結局、わたしは三日間、居残りの罰を受けてしまいました。

わたしたちサドベリー・バレー校のスタッフのほとんどが、学校時代、同じような目に遭っていました。わたしの場合はとくにひどくて、十二年に及ぶ学校生活を通して、教師や学校当局者による気侭《まま》な権威の乱用にビクビクしながら暮らしていました。だから、わたしたちスタッフは、決意を固めたのです。サドベリー・バレー校を、そんな学校には決してしないと。

サドベリー・バレー校を開校した頃、校内で公正な秩序を維持するためにどんなシステムをつくったらいいか、知る者はひとりもいませんでした。わずかに、A・S・ニイルが開いた英国のフリースクール「サマーヒル校」で、校内集会が紛争の解決に成果をあげていることを伝え聞いていた程度です。そこで、わたしたちも全校集会の場を、公正な秩序を維持する話し合いの場にしようとしたのです。校内で起きた問題を徹底して話し合う機会を設けたのです。

ところが、この「話し合い」が、しだいに長引くようになりました。ほかにすることがあっても、時間がとれない事態になったのです。三、四時間もぶっ通しで、それも週に二回も三回も話し合うのですから。

話し合いの中身も、だれそれがどうしたとか、苦情の訴えがほとんど、というありさまでした。時間の無駄遣いもさることながら、それ以上に深刻な問題が生まれました。公正であろうと努力しているのに、なかなかうまく行かないフラストレーションです。

だれかが苦情を言えば、すぐさま反論が出て、ときには感情的なやり取りにエスカレートしてしまうのです。それはたしかに見物《みもの》ではあっても、後味の悪いものでした。時間を無制限にかけないと事態の本質にたどり着けない、といったヘンな錯覚にも陥ったのです。

開校間もないその年の秋、サドベリー・バレー校が学校の存続という「産みの苦しみ」を経験しているその時に、早くもそのクライマックスはやって来ました。

一つの問題を解決するのに三日間、ぶっ続けで話し合う異常事態に立ち至ったのです。

こうなると、なんとかしなければなりません。わたしたちは、話し合いを円滑に進める手掛かりを得ようと努めました。が、納得のいく手本はどこにも見当たりません。

そんな模索を続けているうちに、わたしたちは、こんな考えにたどり着いたのです。

サドベリー・バレー校が直面する問題は、ほかのあらゆる社会が抱える問題と同じではないか。だとしたら、社会が数千年もの時間と思考の中で生み出して来た紛争解決のシステムに見習う必要がある。司法制度というものは、苦情を処理するうえで公正さを確保する仕組みとして発達してきたもので、その知恵に学ぶべきことは大きい――。

そこで、わたしたちは米国の司法の伝統に学び、その本質を汲み取る努力を続けました。その研究結果をもとに、サドベリー・バレー流の司法制度の大枠を組み上げたのです。

わたしたちの司法制度は、実にシンプルです。まず、あらゆる訴えに対して徹底した調査を行います。どのルールに対する違反なのか、はっきりさせます。裁判は陪審制です。もちろん、公正な裁判を受ける権利を保障します。証拠調べをきちんと行います。判決も公正に下します。

つまり、サドベリー・バレー校では、子どもたちに対しても米国の一般市民と同様に、個人が享受すべき権利が完全に保障されているのです。連邦最高裁は、米国の憲法上の諸権利は子どもたちには及ばない、などと遅れた判決を下していますが、サドベリー・バレー校ではその上を行っているのです。

さて、開校した年の冬、サドベリー・バレー校の司法制度はスタートしました。全校集会の監督下に司法制度を置き、個人間の紛争の解決に乗り出したのです。その後、制度の手直しが何度か行われましたが、基本的な枠組みは変わっていません。

サドベリー・バレー校の司法制度は、わたしたちの誇りであり喜びでもあります。なにしろ、年に百件以上の苦情や訴えをスムーズに処理するまでになっているのですから。ときには、週に十件も二十件も解決に導くことがあります。それでいて、その公正さに疑問や批判が投げかけられることは、ほとんどないのです。

司法制度の中心にいて活躍するグループがあります。案件の調査を担当するグループです。「司法委員会」、英語の頭文字をとって「JC」と呼ばれる組織です。

メンバーはくじ引きで選ばれた子どもたちで、年齢もさまざまです。これにスタッフの一人が加わります。委員会の議長は、全校集会で二ヵ月ごとに選ばれる「司法係」が務めます。このJCですが、週に数回、集まって活動します。訴えや苦情について調査を開始するのです。

調査はさまざまな方法で行います。目撃者に証言を求めたり、証言の矛盾点をふるいにかけたりして、最終的にいったい何があったのかハッキリさせます。

だれでもいつかは関わるという点で、サドベリー・バレー校の司法はみんなのものです。そういう共通意識があるので、目に見えるかたちで問題がどんどん解決していきます。

JCに対して嘘をつく子もいません。たとえ個人によって証言の中身が食い違っていても、それは見方の違いであって虚偽の証言ではありません。サドベリー・バレー校の司法は、みんなの協力によって支えられているのです。

なかでも最も興味深いのは、子どもたちが個人の問題と学校の問題を区別して考えるようになることです。この学校が組織として機能するためには、個人的な問題を超え、全校集会で決まったルールに従う必要があることをだれもが理解しています。それはそれ、これはこれなのです。

だから、たとえ親友に関することでも公正に判断しますし、真実の証言をするのです。司法のプロセスが終われば、個人的な関係が復活します。友情が再生するのです。

わたしは仲のいい子ども同士が、ＪＣを前に激しくぶつかり合う場面を何度も目撃しました。ところが、言うだけのことを言い終わると、何事もなかったように一緒に遊び始めるのです。

実はこれが、他の学校からサドベリー・バレー校に転校してきた子どもたちにとって、なかなか理解できないところです。彼・女らが前の学校で慣れ親しんで来たのは、「あいつら」と「仲間うち」を分けて考える思考パターンでした。仲間に都合の悪い証言をすることは「裏切り」だと思う心理です。

転校生が、こうした心理の呪縛から自由になるには、それなりの時間がかかります。でも、遅かれ早かれ、だれもがサドベリー・バレー流の公平さを身につけていきます。それ以外に、ほんとうの正義はあり得ないからです。

ＪＣに対して訴えを書面で提出する行為を、この学校のスラングで「二階に引き出す」と呼んでいます。どんな事情でこうした言い方が生まれたか、正確なところは分かりません。しかし、いろんな説はあります。そのなかで最も有力なのは、昔、ＪＣが二階の部屋で開かれていたことに由来する、という説です。そのころ、訴えられた子は、二階まで出向かなければなりませんでした。

少し前、わたしは、五歳になる子が同じ年齢の転校生に、こう言っているのを耳にしたことがあります。「すぐ止めないと、二階に行ってもらうよ」。「いいよ、すぐ下りて来るから」。二階に行く、本当の意味を知らない転校生の返事でした。

字が書けない子どもたちも、代書を頼んで訴えることができます。たいていは年上の子が手伝います。もちろん、代書サービスをするスタッフもいるので、いつでも好きなときに問題を起こした子を「二階に引き出す」ことができます。

個人的な怨恨から司法制度を濫用する子もたまにはいます。訴えを次々に起こし、相手を困らせるのです。わたしたちはこれを「ハラスメント」と呼んでいます。ハラスメントかどうかは、かんたんに分かります。相手が常習犯の問題児でないかぎり、ハラスメントではないかと疑いの目で見た方がいい。ＪＣは、仲間をハラスメントする子どもを許しません。

議論やゲームの途中、一時的な感情に流され訴えてしまうことも、ときどきあります。こういう場合はたいてい、調査が始まる前に怒りが収まってしまいます。こうなると、ＪＣとしては仲直りをさせ、訴えを却下します。また、訴えを書いているうちに冷静になって、考え直すこともしばしばです。

最近、わたしはそんな愉快な一例を記録に残しました。そのメモの全文をここに紹介したいと思います。

子どものころ――ある本当の話

「訴えを書きたいんだけど、手伝ってくれる?」

そう声をかけられて、わたしはびっくりして飛び起きました。事務所の外の長椅子に寝そべって居眠りを楽しんでいたのです。わたしの顔を遠慮がちに覗き込んでいるのは、アベリーという九歳の男の子と七歳になるシャロンという女の子です。

「マージに書いてもらってもいいんだけど」

わたしは二人の顔を見比べてから、こう尋ねました。「何を書いたらいいの?」

答えはこうです。「スキップ(十三歳)とマイケル(八歳)がね、わたしたちがしてることを邪魔したの。静かにしていなくちゃいけない部屋で邪魔するのよ」

事情を呑み込めないまま、わたしは「ああ、いいよ。書いてあげる」と約束し、一緒に事務室に入ったのです。時刻は午後一時半。ほかのスタッフはみな、ステレオの部屋に陣取り、午前十一時ごろから、部屋の模様替えについて子どもたちと話し合いを続けています。それに比べて、わたしに課せられた仕事の瑣末《さまつ》さと言ったら……。

気をとりなおしてペンを握り、威厳を取り繕って机に座り直しました。

アベリーはわたしの右に、シャロンは左に陣取り、一字一句を見逃すまいと真剣な表情をしています。そうでした、これは重大な任務なのです。

机の上に記入用紙を広げてから、アベリーにこう言いました。

「最初から、説明してちょうだい。何があったか、最初の最初から」

「ほんとうは、スキップたちの名前を言わないほうがよかったかも」と、アベリーはちょっと不安な顔をしています。「名前を言って、失敗したかな」

「とにかく、何があったか、最初から教えてちょうだい。いったい、どうしたって言うの?」

「ぼくとジム(八歳)が遊んでいたら、スキップとマイケルが部屋に入って来て、デニス(十二歳)をからかい出したの」

「えっ、そこにはデニスもいたの?」

「そう、デニスが最初にやって来て、その次にはスキップとマイケルが入って来たの。で、ぼくはデニスを守るため、スキップとマイケルの名前を声に出して叫んだの」

わたしには、どうしてデニスがアベリーに守ってもらわなくてはならないか、皆目、見当がつきません。でも、話は最後まで聞くもの。わたしはアベリーにもっと詳しく説明するように言いました。

「ぼくが名前を呼んだら、スキップとマイケルが追っ掛けてきたの。スキップはぼくの帽子を取ってしまった。とにかく、ぼくたちは部屋から飛び出し、逃げようとしたのね。ダニエル(七歳)とジムとぼくとで逃げだしたんだ」

「えっ、ダニエルも、そこにいたんだね」。そう聞き返し、わたしはメモを手直ししました。

「そう、マイケルとスキップとデニスがぼくを追いかけて来たんだ。ぼくは逃げたよ。帽子を奪い返してね。スキップにいちど捕まりかけたけど、逃げだすことができたんだ」

「ちょっと、待ってくれないか」と、わたしはアベリーの言葉を遮りました。なんだかよくわからない、複雑なストーリー展開になって来たのです。「君はデニスを守っていたんだろ。それなのに、なぜデニスに追いかけられなくちゃならないの？」

アベリーは「ぼくも、よく分からないんだ」と言ってニッコリ笑ったあと、興奮気味に言葉を続けました。こうなると、どうにも止まりません。

「母屋の方に逃げ出してきたんだけど、ジムが捕まって、スポーツ器具置場に入れられてしまった。それを見たダニエルがぼくのところに駆けて来て、助けてくれって。で、ぼくはジムのことを助けに行ったんだ。スポーツ器具置場にジムを閉じ込めたのは、ぼくだなんてデマも飛んだけど、ぼくはしてないよ。ジムが脱出したら、入れ替わりにぼくが閉じ込められて。でも、結局、ぼくは逃げだしたよ」

これはもう、何がなんだか分からなくなったところで、当のジムが事務所に現れました。ふだんと変わりない、落ちついた態度。いましがた物置に閉じ込められていたとは信じられません。

そこで、わたしはまずアベリーにこう聞きました。「でも、結局は楽しかったんだろう？」

「うん、楽しかった」。アベリーは笑顔を浮かべて答えます。

同じ質問をジムに向かってすると、アベリー同様、「うん、楽しかった」。そう答えてジムは、こう付け加えました。

「でも、ぼくは訴えたりなんかしないよ」

「でも、あいつら、ぼくたちのこと、邪魔したじゃない？」とアベリー。

わたしは事件の核心に一歩近づく思いで、こう尋ねました。

「いったい、君たちは何をしてたの?」

「マジックのショーだよ」

もちろん、その日、サドベリー・バレー校で奇術のショーがあるなんて、わたしは知りませんでした。そこで、こう聞き返したのです。

「どんなマジックショーなの?」

「シャロンとシンディーのマジックショーだよ」と、アベリーは種明かしをしてみせます。

陽気なダニエルも話の輪に加わって来ました。さっきから黙って聞いていたシャロンも、自分の名前が登場するに及び、事件の全容を説明し始めました。

「わたしたちはマジックの最中だったから、スキップたちを部屋から追い出そうとしたのね。ところが、頼んでも出ていこうとしないの。それでわたしたち、力ずくで追い出そうとしたの」

「そう、追い出そうとしたんだ、ぼくたち」と、アベリーが相槌を打ちます。

「訴えたってしようがないじゃない。ねっ、だから訴えるのやめよう」と、ジムが再び仲間に提案します。

シャロンは笑顔で同意し、ダニエルも首を縦に振って、残るはアベリーひとり。

そのアベリーに向かって、わたしはこう尋ねました。「訴えることで、何か得することあるの?」

アベリーの答えはこうでした。彼がいかにサドベリー・バレー校の司法制度に信頼を寄せているか、思い入れたっぷりに説明しながら、こう言ったのです。「訴えれば、二度と邪魔することないでしょ」。

「ほんとうに邪魔してほしくないんだね。もし本気で邪魔してほしくないと思っているなら、訴えを書いてあげてもいいけど」

「それがそうでもないんだなあ」。アベリーは破顔一笑、ほんとうはふざけて訴えに来たことを白状しました。

書きかけの訴えをジムが破り捨てて見せました。一件落着し、みんな納得したようすです。

事務所から出ていこうとしてアベリーが、思い出したようにわたしに向かって言いました。

「子どものころにね、ぼくたちと同じような遊び、したでしょ」——。

サドベリー・バレー校に司法制度ができてから、素行の悪さを理由に全校集会で放校処分となったのは、一人きりです。が、この学校の司法制度のほんとうの素晴らしさは、そんな統計資料のデータからはうかがい知れません。

大事なことは、サドベリー・バレー校では、だれもが公平な扱いを受けている事実です。だれも権威を恐れなくていい。教師であろうと何であろうと、大人に対し恐怖心を抱く必要はどこにもありません。同じ学校のメンバーとして、だれもが互いの目をストレートに見ることができます。年齢や性別、地位に関係なく、サドベリー・バレー校では司法制度によって各自の自由が守られているのです。

そして、その事実をみんなが知っている。

わたしにとって、これほど誇らしいことはありません。

36 核心にあるもの

すべてを語り尽くし、あらゆる言葉を費やし、描写のすべてを検討したあとに核心に迫る問いがいくつか、より深い意味を求めてこう囁きます。

サドベリー・バレー校って、ほんとうはどんなとこ？　どんなふうな感じ？　何してるところ？

――

冷やかしで参観に来た人々にも、サドベリー・バレー校の第一印象は目に焼きついて離れません。なにしろ、この学校の子どもたちときたら、いつだって思い思いに自分の好きな場所で、好きなことをしているのですから。

「いつでも休み時間」――これが参観者たちの偽らざる感想です。自由で、活発で、騒々しく、エネルギーに溢れた子どもたち。

こうした第一印象は、学校の環境によっていっそう強められることでしょう。サドベリー・バレー校は、由緒ある地所に立つ由緒正しい邸宅を、そのまま校舎に転用した学校です。建物が建ったのは南北戦争の終わりごろ。建物のほとんどが、当時のまま残っています。花崗岩で築いた石造りの邸宅。石材はサーレム・エンド・ロード沿いにあるフラミンガム採石場から切り出されたものです。花崗岩の建物は、このあたりでは珍しく、その重量感と存在感が、わたしたちの団結を確かなものにしています。それは、この学校の精神の奥深くまで到達し、内側から支えきる力を備えているのです。

芝生と樹木、茂みに野の花、池やダムに水車小屋、納屋に馬小屋——それらの全てが、長い歳月の流れを経た燻《いぶし》銀のように、美しいオーラを漂わせているのです。

サドベリー・バレー校のあるフラミンガムの街は、発展途上の街です。そこには工場がある地区もあり、巨大なショッピング・モールもある。が、わたしたちの学校は、街の外れの自然の美しさに守られた一画で、ひっそり息づいているのです。キャンパスの地続きが州立公園という恵まれた環境。自然保護区が、学校の奥に広がっているのです。サドベリー・バレー校は、そんな自然の美しさのなかで育まれているのです。


古い邸宅といってもわたしたちのそれは、英国のお城でもなければ、贅を凝らしたお屋敷でもありません。上流階級の優雅な生活を守るため、富をみせびらかして建てた邸宅ではないのです。わたしたちの建物のもともとの主は、マサチューセッツの有名な航海家、ナサニエル・ボウディックです。この航海家はその航海術がいまなお語り種になるような一代の傑物ですが、すこしも偉ぶらない、ごく普通の人でした。したがって、彼が暮らしたこの地所も、貴族のリゾートでは決してなく、あくまで自ら額に汗して働く農場だったのです。美しく年老いた場所ですが、幸福な王子が急に老け込んだのではなく、ふつうの働き手が年輪を重ねた姿に似ています。建物のいたるところに風雪のあとをしのぶことができます。壁や天井のひび割れ、屋根瓦の傷み——それらは化粧直しを施されなかった分、クリームや塗り薬など一度もつけたことのない老兵の膚の皺のようにも見えるのです。航海家の建てた建物は、少しずつ威厳を身につけながら年をとり続けて来ました。現実の世界に生きた人々が暮らし利用した雰囲気が、建物の隅々に行き渡っているのです。

家具もまた、こうした雰囲気をいっそうかき立てます。学校の備品として使うため、運び込んだ家具はみな、どこの家庭にもある必要不可欠なものばかり。テーブル、椅子、アームチェアと、すべてが家庭的です。そして、そのひとつひとつが使い込まれたものばかりです。いずれも中古品として買い取ったり、不用品としてプレゼントされたものですが、この建物のなかに据えつけられたとたん、落ちついた家具として存在感を湛えはじめました。

こうした学校環境のすべてが、わたしたちの心に互いに補い合う二つの感情を育てています。ひとつは気軽さです。使い古されたもののなかで気安く触れることができます。もうひとつは大事にする気持ちです。大切に扱わなければ、すぐに壊れてだめになってしまうからです。

気軽さと大事にする気持ち――これがサドベリー・バレー校の土台です。楽しめる場所、それがこの学校です。ブスッとふくれたり、ピリピリしたり、ビクビクしないで済む場所です。眉をひそめることもない、澄んだ眼差しのままでいられる場所です。眼差しが曇ることのない学校です。そして、みんなが相手を大事にしています。友だち、仲間、スタッフ、両親、参観者――相手がだれであろうと、大事にする学校です。ピンチになれば、必ずだれかが救いの手を差しのべる、そんな場所です。だれもが学校の存続に気を配り、そのために努力する、そんな場所です。

参観者のだれでも、こうした感情に触れることができるでしょう。みな、思い思いに自分のペースを守り、自分の好きな場所にいる。これが参観者の心に強い印象を残すのです。

サドベリー・バレー校では時間が停止しています。子どもたちは忙しく動き回っています。しかし、焦ったり慌てたりはしていません。壁に時計は掛かっていません。時間の経過を思い知らせるものがないのです。

学校に来るのも家に帰るのも、子どもたち次第。早く来ようと、遅く帰ろうと、子どもたちの自由です。朝早く、だれも来ないうちに来たい子どもには、学校の鍵を渡します。学校という宝物をこじ開ける鍵です。信頼を運ぶ鍵でもあります。

サドベリー・バレー校では、信頼が溢れています。持ち物をロッカーに入れておく必要はありません。ドアも鍵をかけなくても大丈夫です。教材や器具はみんなのもの。保管場所にわざわざ鍵をかけて、しまっておく必要はないのです。

サドベリー・バレー校って、なんて「非常識」かつ「無用心」な学校なのでしょう。でも、この学校は敷居をまたぎさえすれば、だれでも暖かさと信頼の世界に飛び込むことができる学校なのです。暖かさと信頼、それがサドベリー・バレー校なのです。

サドベリー・バレー校は寄宿制の学校ではありませんし、特定の団体が運営する学校でもありません。にもかかわらず、この学校はいろんな意味で、ひとつの共同体（コミュニティー）です。

サドベリーの仲間たち（左端が「アフターワード」の著者のミムジー）

もともとは皆、見ず知らずの他人同士です。それがこの学校で友達同士になります。わたしたちが参加を無理強いすることもなければ励ますこともありません。けれど、いつの間にか相手を理解し、友情が生まれているのです。卒業後も、生涯の友として友情を深めているOBも多いのです。

サドベリー・バレー校は、むしろ一つの「村」といっていいかも知れません。それは、過去の懐かしい村であると同時に、未来に開かれた村なのです。自由の村に絆は生まれ、絆を頼りに人々は前進するのです。

でも、このサドベリー・バレー校に自分のルーツがあることを、だれも片時も忘れません。卒業生が十五年後に、在校当時と変わらない態度でひょいと顔を出したりします。卒業生を迎えるのは、昔と変わらない暖かさと信頼です。卒業生たちは、自分のことをサドベリー・バレー校の一員と考えています。わたしたちも、そう考えて欲しいと願っています。この学校では、これがごく自然なことなのです。

サドベリー・バレー校に集う仲間の集団意識は、過去、現在、未来をひとつに融合します。子どもたちの間で、先輩の伝説が語り継がれます。その主人公が、ある日突然、学校にやってきて後輩と言葉を交わしたりするのです。「ぼくたち、あなたのことをマージから何度も聞かされていたよ」。帰ってきたヒーローは後輩たちと一緒に腰掛け、過去の思い出に浸《ひた》ります。そして、「いつかまたね」と言って別れて行く。すべては自然の流れの中で――。

しかし、サドベリー・バレー校の仲間に入るのに、特別なことは必要ありません。性格を変える必要もないし、学校に忠義だてすることもありません。同化を求められることもないのです。自分のプライバシーを放棄することもない。サドベリー・バレー校は、生きた見本です。自由人が自由に連合することで、かつてないほど強固な絆と忠誠と友情が生まれ、人と人とが結びつき得ることを示す、生きた証拠なのです。

サドベリー・バレー校の希望のレシピは、いたってシンプルです。自由と尊厳と責任と援助をワンカップずつ一緒に混ぜ合わせて、あとは出来上がりを待つだけです。この通りにすれば、成功間違いなし――。

いかがですか？　サドベリー・バレー校を、十分、味わっていただけたでしょうか。

美しい子ども期は、美しい人生の出発点になるか？

学校体験と人生　サドベリー・バレーの卒業生たち——日本語新版へのアフターワード

ミムジー・サドゥスキー

本書を読み終わっての感想は、いかがでしょうか？　まるで夢のような逸話が理想化されて描かれている。現実にはこんな学校、ありえるはずないじゃないか。そんな思いに駆られはしませんでしたか？　でも、この学校、サドベリー・バレーは、現に存在しているのです。お伽噺《とぎばなし》の世界にあるわけではありません。

サドベリーはたしかに、子どもたちがとても幸せに生きる場所として、そこにあるのです。

長い歳月の間、サドベリーの卒業生について、いろんな調査・研究が行われて来ました。子ども期にとって美しくある環境は果たして、美しき人生の出発点になりうるか。この点を探る、さまざまな検証が加えられて来たのです。

疑いは、あたらしい研究によって、最終的に解消しました。サドベリーで育った元在校生に対して行った、彼・女らの人生のクォリティー（質）に関する、深く、核心に迫るインタビュー調査の結果が、すべての疑いを一掃したのです。

インタビュー調査の結果は、二〇〇五年に、わたしたちの「サドベリー・バレー・スクール出版会」から、ダニエル・グリーンバーグ、ジェイソン・レンプカ、そして私、ミムジー・サドゥスキー共著、『幸せの追求（*The Pursuit of Happiness*）』として出版されたのです。

私たちは、卒業生たちの人生に関する問いのすべてについて、その答えを知りたいと思いました。


どんな仕事に就くことができたか？

どんなタイプの職業に就こうとしたのか？

卒業したあとに直面した、よりフォーマルな環境のなかで、サドベリーでの教育は、卒業生たちが自分の学びを追究するうえで、役に立ったか、それとも足枷《あしかせ》になったか？

外部から強制する構造を持たないサドベリーでの歳月が、後日、それを受け容れるとき、妨げにならなかったか？

卒業生たちの、ふつうではないバックグラウンドが、新しい人間関係を、その後の人生の中で築いていくうえで、マイナスになったかプラスになったか？

誰もが人生の途上でぶつかる大きな試練に、卒業生たちはどう対処したか？

どんなコミュニティーに属するようになったか？――


こうした問いのなかで、私たちは何よりもまず、卒業生たちが自分自身について、どう感じているか、知りたいと思いました。

その総合調査による「発見」のいくつかを要約し、紹介することにしましょう。

仕事を積極的に探求

サドベリー・バレーの卒業生たちは総じて、現代社会を生きる上で期待されるすべての面で、自分が満足する仕事を、積極的に探求することができる人びとでした。

自分からネットワークを広げ、自信を持って履歴を書き、面接においてハッキリ、自分を語れる人間になっていました。

仕事を見つけるために、インターンや見習いにもなり、自分を助けてくれる人と出遭っていました。

そしてときには、思いがけない、素晴らしい場面に行き着いたりもしている。

ひとことで言えば、最良の姿で、自分の仕事を見つけているのです。

サドベリーの卒業生が起業家になる比率は、一般よりも高いことも判明しました。そしてまた、実にさまざまな職種に就いている。

私たちは卒業生の職業を社会全般との比較のなかで見ることにしました。その結果、わかったのは、わたしたちの、サドベリー・バレーの卒業生と、社会全般とでは、以下の領域で、大きな違いが見られることです。

・サドベリー・バレーの卒業生は、相当程度、管理の仕事に従事していた。
・コンピューターや数学的な職業、そして教育の分野の仕事で、高い比率を示している。
・人びとを助ける専門職――ソーシャル・サービス、コミュニティー活動、ヘルス・ケア――で、社会全般の数倍もの比率を示している。

時間をコントロールする

しかし、調査結果でたぶん、もっとも衝撃的なことは、芸術分野でキャリアを追究する卒業生が目を見張るほど多い、という事実です。

でも、考えてみれば、それほど驚くことではありません。わたしたちはサドベリー・バレーで、何百人もの子どもたちが、音楽や絵画、ダンスや演劇、文芸にいそしみ、立派な成果をあげる姿を、実際に目の当たりにして来たわけですから。

それにしても、いったい何が起きていたのでしょう。なぜ、そういうことになったのか。

ある卒業生の手助けで、私たちにもだんだん、その意味がわかって来ました。その卒業生は、私たちにこう説明してくれたのです。

言葉による表現、そして芸術による表現は、あらゆる社会に存在するものだ。創造的な表現というものは、ほとんど基本的な欲求に近いものであるらしい。それは自分自身の時間があるとき、余暇というかたちで時間が生まれるとき、自分の時間を自分で使う方法でもある。だから、自分の人生（時間）を自分でコントロールできている人は、その分野で特に何かを成し遂げることができる――と。

私たちは、卒業生たちが子どもだったころ、こうした姿を目の当たりにしました。それが失われず、大人になっても持続していた。

そのことを知って、わたしたちはとても嬉しく思ったものです。

卒業生たちが自分の職業をどう選び、どう職業を変えて行ったか、すこし見てみましょう。以下は、大学の教授になった卒業生の言葉です。

大学生だったころ、夏のバイトでコンピューターのプログラミングをしました。お金を稼ぐのが目的だったけど、とてもおもしろかった。働いた場所はコダック社で、その社内向けコンピューター・プログラミング部門で仕事をしました。

「注文に応じて倉庫から商品を取り出すコンピューター・プログラムをつくってくれ」とか「在庫管理のプログラムが必要だ」とか「オペレーターがコンピューターの端末にどれだけの時間いて、何をしているのかを管理するプログラムをつくってくれ」とか、ぼくらのところへ、いろいろ言って来る。ソフトウェアを書けと言って来るんです。

ビッグなビジネスの世界を覗けるわけですから、面白い。職業としても、ほんとうに惹《ひ》かれました。ぼくはいつもコンピューターをプログラミングしていたから、そういうことは得意なんですね。自然に身についたものを活かせるわけですから。

そのバイトをして、学べてよかったと、いま振り返って思うのは、プログラミングそのものより、お客さんが何を望んでいるか、考えることの方が、実はずっと難しいことに気づいたことです。不特定の顧客のための、ソフトウェアのデザインにしても、それは同じことです。難しいのは、コンピューター言語でソフトウェアを書くことではなく、どうしたらアプリケーションを使いやすいものにできるか、みんなが使いたくなるようなものにできるのか、考え出すことなんです。つまり難しいのは、コードを書き込むプロセスにあるのではなく、デザインのプロセスの中にある。

そんなわけで、これはお金を稼ぐためのバイトだったけれど、面白い仕事でもあったわけです。

大学の卒業も近づいていたころだったので、ぼくは「これからどうしよう?」と考えました。ひとつの道は、コンピューターのプログラマーです。就職しやすいし、給料もいい。コダック社のようなところでも、たぶん昇進するだろうなと、ぼくは思っていた。

なぜかというと、ソフトウェアをデザインする上で大事なのは、まず相手と人間的な信頼関係を築いた上で、いったい何が必要なのかを絞り込んでいくこと。ぼくは、そういう人間関係づくりが上手だったから。

でも、プログラミングをするだけじゃ、つまらないな、とも思いました。何年も続ける仕事じゃないと思った。

それで結局、大学院に進むことにしました。

情熱、そして共感

別の卒業生（女性）は、最初、心理学の道を選んだのですが、それを途中で止めて法律家の道に進みました。それは自分自身ためにパーフェクトな選択だった、と、私たちのインタビューに答えてくれました。

自分自身の生まれつきの才能に合ったものを選ぶ。それが職業追究の大事なファクターだと、彼女も考えていたのです。

これは私たち、サドベリーの卒業生から、いつも聞かれることです。

ドキュメンタリー映画を撮っているある卒業生は、こう言います。

　ぼくは他人と共感することができるんだ。ほかの人たちの心の鍵を開けて、その人たちがもっと自分自身になって、自分のことを表現するようにすることができる。ノンフィクションの映画制作者として、ぼくはこのことにとても関心を持っているんだ。

　ぼくはフィクションには興味がない。ものを書いたり、言葉を他人の口に突っ込んだりする気はない。ぼくが魅了されるのは、現に生きている人たちなんだ。そうした人たちが実際にどう生きているか、何をしているかに興味がある。

　そういう人と一緒に付き合って、その人たちが自分自身を、自分の人生を、開いてみせてくれるようにする。こんな特権ってほかにありはしない。一緒に分け合い、それをつかみとって、そこから物語を生み出す。

これはもう、すごいことだね。


こうした自分の仕事に対する情熱を、私たちに語ってくれた卒業生は、回答者の半数を軽く超えていました。

と同時に、他者に役立つ喜びのため、自分の仕事を決めたという卒業生の比率も、なんと三五％にも達していたのです。

そのなかの典型的な例を紹介しましょう。彼女は、開発途上地域で人びとの支援をしているNGO（非政府機関）で活動しています。


東ティモールにいたときのことです。私は数ヵ月間にわたる支援活動に着手しました。現地に活動拠点をいくつか設け、活動資金を得るための提案書をまとめました。私は避難所プログラムを担当することになりました。そのためには、現地の人びとの間に入り、何が必要かを見極め、スタッフとともに働き、トレーニングを行い、そうしたうえで現地の人びとが家を建てるための資材を配分しなければなりません。インドネシア軍が撤退したとき、東ティモールの民家の七〇％もが破壊されていました。人びとは雨ざらしか、防水シートの下で暮らすような状態でした。

アフリカのシエラ・レオネでは、より管理的な仕事に携わりました。現地事務所のひとつの監督を任されたからです。そこでは、いろんなプログラムを実施しました。内戦で引き裂かれた親と子どもを再会させるプログラムもありました。たとえば、誘拐され、兵士にさせられた子どもたちを家族のところへ戻す、というようなプログラムです。

私はいまも、このアフリカ・チームに所属しています。私たちのNGOの本部と現地事務所の所長をつなぐ連絡役をしています。アフリカ・チームが現在、事務所を置いているのは、シエラ・レオネとリベリアで、コンゴでも事務所の開設作業を進めています。

そこで私は中心的な役割を果しています。新しい方針を決める状況になったり、物資の調達問題が出て来たり、トラックが必要だということになったりすると、私の出番です。現地の保健省と、どうやったらコンタクトを取れるか議論が始まると、私の助言が役立つことにもなる。私の役割は、現地でやれることは、全部やってしまう、それが大事なことだと現場のスタッフたちにハッキリさせることとです。

そう、ほんとうは、そういう現場でのフィールドワークの方が、私にとって、性に合っていて、楽しい……。それは認めます。

困難への挑戦

私たちのサドベリー・バレーに関心を持つ方々から、しばしば寄せられる質問——それは、人生がかんたんなものではないとき、この学校の卒業生たちはうまくやれているのですか、という質問です。こういった質問する方々は、間違った先入観をお持ちです。サドベリーのようなところで自分自身の関心を自由に追求した子どもたちは、困難から顔を背けるものだという誤解です。

サドベリー・バレーの私たちがすでに知っていて、ほかの皆さん誰もが知るべきこと、それは、最も望ましい人生とはチャレンジに充ちた人生である、ということです。

調査の結果、私たちの卒業生もまた、これとまったく同じ考えであることがわかりました。卒業生たちは、自分たちにとって意味ある仕事を見つけようとしたのだと語ってくれました。以下に引用するのは、ソーシャル・ワーカーになった卒業生の、ほんとうに大変な、しかも感謝の言葉さえもらえない、かつての自分の仕事に関するコメントです。

私は児童福祉局で働いていました……九年間も。そしてそれは、ほんとうに有意義な仕事でした。

その大半を、私は保護のケースワーカーとして過ごしました。虐待され、放置された子どもたちのために働き、家族の支援活動を続けました。危害を加えられそうな子どもたちを、そうした家庭から連れ出したり、バラバラになっていた家族をもういちど立て直す仕事をしていたのです。それは超《スーパー》意味ある仕事でした。そしてとてもハードな仕事でもありました。

その後、私は養子縁組の担当になりました。養父母になってくれる人の研修の係になり、実際に養子縁組を成立させました。この子はどこに養子に出すのがいいのか、コーディネートをしたり、縁組後も再評価を行い、支援の手を伸ばしたりしました。

私はほんとうに、ほんとうに、その仕事が大好きでした。

大学進学の真実

子どもたちに自分自身の教育をまかせることで、大半の親や教師が抱え込む最大の悩み事は、そんなことで大学進学はできるのか、競争率の高い試験に挑むことはできるのか、名門大学に受け入れてもらえるのか、といった不安です。

真実はもちろん、たったひとつ。

私たちのサドベリー・バレーでは、最初のころから、大学進学の望む子はみな大学に進んでいます。大学院に進んでさらに高い学位を得ようという卒業生はみな、ちゃんと大学院に進んでいます。全体としてサドベリー・バレーの子どもたちの九〇％近くが、卒業後、こんどはフォーマルな環境のなかで、自らの教育を追求しようとしています。

ただし、大学に進んだ最初の年、不安を覚えることは、よくあることです。もしかしたらふつうの学校から来た仲間は、サドベリー・バレー出身者がその必要性に気づかず、学ばずに終わった、重要なスキルや情報を身につけているんじゃないか、と。

そんな不安も、じきに根拠のないものだとわかって安心します。

むしろ、大学に進学した卒業生たちの大半が感じること、それは、進学後に発揮できる優位性《アドバンテージ》を自分たちは持っているのだ、という自覚です。

サドベリー・バレーの出身者は、ほかの大学進学者が持たないものをすでに身につけています。自分の力を信じていて、自分自身の動機を持っている。もともと、自分ひとりで学んできたからです。

自分が立てた目標に向かって、自分を駆り立てていくことができる。教えてもらうとか、援助してもらうとか、待ちの姿勢をとってこなかったからです。

理由はほかにもたくさんありますが、最後にひとつだけ挙げるとすれば、それは大学進学を、彼・女らが望んだからです。

それは、世間が考える、十八歳の生徒がとるべき次のステップだからそうした、ということではありません。

高等教育を受けに行くということは、大学という場で学びやすい、探求すべき何事かを、わたしたちサドベリー・バレーの卒業生たちが持っているからに他なりません。

以下に紹介する、卒業生たちの言葉は、高等教育に進んだサドベリー・バレーの子どもたちに共通するものを代弁するものです。

ぼくにとって大学生活はとても楽でした。同級生の多くは、そうではなかったようです。彼・女らは学校で、いつも、ああしろ、こうしろと言われ続けて来た。指示に従うことに慣れ切って来た。それが突然、自分でクラスを選択する自由を与えられ、クラスで授業を受ける時間より長い時間を自習に使わなくちゃならなくなった。そういうことになってしまった。

それから、原因と結果ということをわかっちゃいない同級生も多かった。自分で勉強する。そうすれば自ずと成績評価もよくなる。わけがわからなくなるまで飲んだり、勉強しなかったりすれば、いい評価はもらえない。自業自得ってことですよね。

だから、ぼくにとって大学は難しくなかった。ぼくはサドベリー・バレーに五年、いたけど、そこで原因と結果ということを学ぶことができた。何かをやり遂げたいと思ったら、そのためのステップを自分で考えなくちゃならないよね。

自分で決断し自分の情熱を追うサドベリー・バレーでもし一生を送るとしたら、もう毎日、新しい決断をして自分を変えて行きますよね。そういうところにいたサドベリー・バレーの子だから、何をするにせよ――たとえば、機械工の見習いになったりしたって、素早く学ぶことができる。サドベリー・バレーという環境そのものがダイナミックだったから、ぼくらには適応力があるんだ。

ぼくにとっては、大学だろうと、機械の学校だろうと、マッサージの学校だろうと、自分で商売し生計を立てることを含め、全部、同じことなんだ。そう、順応することを学ぶってことだね。サドベリー・バレーの美しさとは？　それは生まれつき備わった力を育てることさ。そしたら、ほかのことは全部、後からついて来る。

寄り道・近道・回り道

自分が何をしたいのか、初めからわかっている子もいます。しかし、人生の道を歩きながら、自分の夢を見つける子もいます。

私は、コミュニティー・カレッジ（地域の公立短大）に入って、授業を受け始めました。スペイン語とか芸術のクラスのような……。そうしているうちに、安い賃金で人に使われ続けるのは嫌だな、と思い始めました。自分がほんとうに何をしたいか、考え出す必要に迫られたのです。

それでわたしはカレッジで産婆さんになろうと真剣に思い始めた。そしてそこから、医師になろうという考えが生まれて来たのです。


次に、もうひとり、別の子の例を。


私がサドベリー・バレーに来たのは、いろんな出来事が重なり合ったからです。前の公立学校で私が第七学年だったときのこと、一学年上の第八学年に飛び級しようと思いました。友だちが第八学年にいたし、勉強だって大丈夫、できると思ったから。

ところが、進路指導のカウンセラーと、そのことで衝突を繰り返してしまって……。

私、学校でとてもよく出来た子だったんです。だから、飛び級できないわけがなかった。友だちだって待っているし。

ところが、カウンセラーは、「飛び級は非常に特別なケースのために用意されているもの」と言って認めてくれないんです。私がその、非常に特別なケースなんだ、と思いましたけど、ダメだった。

そこで私、母親と話し合って決めたんです。サドベリー・バレーに通わせてもらえたら、ふつうの公立高校だと五年かかるところを四年で卒業してみせる、それで友だちにも追いつけるし、大学にも早く行きたいから。そんな取引をしたわけです。

そうして通った、サドベリー・バレーの四年間。私はそこで素晴らしい時間《ファンタスティック》を過ごすことができました。私がこのまま「現実世界」へ入っていける準備ができたとさえ思ったほどです。

そのころ私はコーヒーショップの切り盛りを任せられていて、そのまま仕事を続け、いずれ店を買い取ることができればいいな、とも考えていました。

ところが、サドベリー・バレーでの四年目が終わろうというときになって、母親からこう言われたのです。

「いよいよ、大学に進学するときだわよね」。私はあんまり大学に行きたくなかった。それでいい加減な気持ちで、大学に申請書類を送ったのです。大学が受け入れてくれるなんてあり得ないと思っていたのに、結果は合格でした。それで仕方なく、どうせ絶対、行くのが嫌になる、せいぜい二、三週で止めてしまう、と思いつつ、大学に通い始めたのです。

で、通ってみたら、ほんとうに素敵な場所だった。おもしろいし、楽しいし。サドベリー・バレーで手にした学びの経験とかプロセスのいくつかが、そこにはあって、重ね合わせて考えることができました。大学って、そこに行って、教室に座って、聞けばいいだけのこと。そんなの、私だってやれる……。私は周りに座っている人のほとんどよりも、先に進むことができました。私のために、ほんとうにいろいろしてくれる人とたくさん出遭いました。

私はとても素早く、とてもかんたんに、大学に適応することができたのです。

この彼女のように、サドベリー・バレーの卒業生の大半は、大学生活を楽しんでいます。大学が彼・女らの地平を広げ、興味をそそられる教師や議論に彼・女らを曝《さら》し、関心を同じくするさまざまな人との出遭いを許してくれた……。サドベリー・バレーの卒業生たちはそう感じているのです。もちろん、大学生活がただただ、面白かったということも含めて。

もちろん、サドベリー・バレーの卒業生はみな、生涯学習者《ライフロング・ラーナー》であります。高等教育機関に行こうと行くまいと、彼・女らは自分たちの教育を継続しています。

ある卒業生はこう語っています。

ぼくはロックを始めたときから、ロックスターのライフスタイルで生き、ペルソナをかぶって活動しなくちゃならなかった。公立学校の縛《しば》りの中じゃ、それができなかった。大学に行っても、たぶん、四年間、脇道に逸《そ》れるだけで、本筋は変わらなかったんじゃないかな。

ぼくが公立学校システムからオサラバしたとき、教室というシチュエーションはもうコリゴリ、二度と戻るまいと思いましたね。それって、ぼく好みの学び方じゃ、いつもなかった。

ぼくは自分の本能に従うのがいい。自分が必要なことをどうやって調べるか、ぼくはわかっているし……。つまらない雰囲気のなかで教え込まれることに、何の必要性も感じなかった。ぼくって、そういうユニークなキャラなんだと思う。

人生をエンジョイ

私たちは、卒業生たちが人生をエンジョイするうえで何が大切だったかにも関心を持ち、調べてみました。

リストのトップに来たのは、「人間関係」でした。二番目は「個人的な目標の実現」。これに続いて「情熱を持てる活動」が三番目に多かった。

自分で選んだ、「自分自身の個人的な環境」も、卒業生たちにとって重要なことでした。とても幸運な数人は、「人生のすべてが自分を幸せにしてくれた」と答えています。

以下は卒業生のひとりの総括です。

本が好きで、インターネットも好き。友だちも好きで、サドベリー・バレーに通ったことも好き。ぼくは自分で、やれる、出来る、と考えています。サドベリー・バレーに通った結果、常に問いを発することができるようになって。ぼくはそのことがとても大事なことだと思っています。

私たちのサドベリー・バレーでは、子どもたちの多くが、アウトドアを楽しんでいます。ですから、卒業生たちが引き続き、「自然」をいつくしんでいるとわかっても、驚きませんでした。

これは女性の卒業生の言葉です。

私は、スピードとか、時間の制約とか、私たちの文化が拠りかかっている、なんでも素早くやらなくちゃならない、という思い込みから、外れて生きて来たように思います。

私は自分自身の時間を自分でコントロールしています。何処へ行くかを決めるのも、私自身です。

私の仕事もそうです。外でも仕事をします。からだを使って動いてみたい、と思ったら、庭仕事をします。

私は、スタジオを持っています。自分のスタジオを。そこへ行って、アートの仕事をする。

それから、私には書く時間があります。

もうひとつ、私が自分の生活で好きなのは、自然のなかでいっぱい時間を過ごすことです。

私は森のなかの野原に住んでいます。まるで、全世界のなかの最高のものを手にしているみたい。森と野原の境界は、動物たちにとって、とても魅力的な場所。そこで私はいろんな野生の生き物を見ることができます。綺麗な鳥たちが、飛び交っている。それは楽園のようです。湖も、三〇キロ先にある。だから私は湖の渚を歩くことができる。

人生はいいな。旅を続けて来たあとだから、なおさら特別、そう思う。

私は、そんな選択をしてよかったと、いま、ますます強く思っています。

卒業生のインタビューで面白いのは、経済的な問題に、ほとんどが、かまけていないことです。お金のことなんか、とくに気にしていない、という発言さえ何度か聞きました。

もちろん、何人かの卒業生はもっと経済的な安定があれば、と思っているようですが、大半はそんなこと、どうでもいいと感じています。それでいて、お金に困っていると、感じてもいない。

それから、卒業生のほぼ七〇％が、理想のロケーションに住んでいる、と考えています。そう思っていない残りの卒業生はどんな卒業生たちか調べたら、卒業後間もない、最も若い年齢層の卒業生たちでした。

私たちサドベリー・バレーの卒業生は大抵、三十代半ばに到達するまでに、自分自身の環境を、かなり幸せだと思うようになるのです。

手にした自由の美しさ

そのことで卒業生たちが私たちに語ってくれたのは、彼・女らが手にした自由のレベルの美しさについてであり、人生を選び取ることができるということであり、年齢を積み重ねながら学んでいくプロセスのなかで自分たちがいかにいい気分でいられるか、ということであり、自分自身の人格形成に自分としてどれだけ満足しているか、ということでした。

これに関する卒業生のコメントをふたつ、取り上げることにしましょう。

全部をひとまとめにしてしまうような言い方になりますが、自分の人生で何が好きかと言えば、生活をエンジョイするキャパシティー、だと思います。どんな挑戦にも、難しいことだと思わずに立ち向かって行くことができます。

私がサドベリー・バレーで学んだ、最大のスキルは、自分に自分が教えることができるということ、自分で問題を解決できるということです。

自分自身であることによって私は、どうやったら自分自身、能力的かつ自立的でいられるかを学んだことです。サドベリー・バレーでは、私がスタッフの誰かに相談すると、彼・女らは、私を喜んで助けてくれましたし、それ以上のこともしてくれました。私はつまり彼・女らから、学び方を学んでいたのです。

私は繰り返し、学ぶことをエンジョイすることを学び続けました。だから私の人生の大部分は、魅惑と喜びの限りない泉であり続けたわけです。

私のこれまでの人生で気に入っていることといえば、過去十年の間、自分の意志で、いろんなことを成し遂げようとして来たことが、いま実を結んでいることです。私がこれまで、ずっと思い続けて来たことが、世界に対して貢献しようと思って来たことが、実を結ぼうとしている。

私はいま、勉強をほんとうにエンジョイしています。私はセラピストになるための勉強を楽しみましたし、セラピストの仕事を始めてからも、学ぶことをエンジョイしています。

とても、とても幸せな家庭生活も送っています。禅のコミュニティーでの暮らしを楽しんでいます。精神面でも感情面でも、これまで以上にハッピーです。強い友情で結ばれ、よい人間関係を持つことができました。私はまた、自分自身に対するわたしの接し方が、とても健康的だと思っています。

　そして私はいま、いい時間を過ごしている。私の瞑想の修行と、勉強と、仕事の間には素敵なバランスがあり、そのすべてを楽しむことも素敵にバランスがとれている。わたしはいま、生きていることを、心底、エンジョイしています。


金儲けよりも自分の目標を達成することの方が、卒業生たちにとって、ずっと重要なことです。卒業生のひとりが言ったように、「自分がほんとうにやりたいことをやって、それでお金をもうけるなんて、何をやったって難しい」ことです。

しかし、それは彼の真っ直ぐな歩み、自分がしたいことに向かって焦点を合わせることを、阻むものではありませんでした。

彼の場合、それはアートと音楽として現れたのです。

いま彼は、米東部ニューイングランドの北、電気も水道もない、森の中に住んでいます。凄い発明家で、最先端のハイテク・ビジネスを手がけています。

「ぼくの生活のスタイルは、ほかの人が見たらビンボー。でも、ぼくはそれが好き！」

わたしたちのインタビューに、彼はこう答えたものです。


幸せを目指し、なおハードに働いている卒業生にとって、個人としての目標に到達していないことは、一番の悩みです。でも、そうした目標に向かって、努力は常に続けられています。そうした、なお実現に至っていない目標には、消耗とストレスの少ない生活が含まれています。それは、この二一世紀において、他の人びとにとっても正しい方向だといえるでしょう。

守るべき価値

これらライフスタイルと満足度をめぐる調査とともに、どんな価値を最も大事にしているか、について も、卒業生たちから聞き取り調査を進めました。

その結果、サドベリー・バレーの卒業生たちは、自分の価値観について、じっくり考え、注意を払っている人たちであることがわかりました。生活を見直しながら、絶えず自分の理想にふれている人たちだとわかったのです。

以下に紹介する卒業生が持つ価値観は、私たちがすでに確認済みのサドベリー・バレーの卒業生たちの一般的な傾向に合致するものです。

私は物質的なことにはあまり価値を置いていません。それよりも、人間的なことに、より大きな関心を持っています。

私にとっては、自分のことを大切にすることが大事なことです。ほかの誰かに依存するのではなく、自分自身でハッピーになる。

みんなとうまくやって、家族を大切にすることも、私にとって大事なことです。自分の家族に家庭生活をプレゼントしてあげる。それが大事なことです。自分の子どもたちだけではなくて、親やきょうだいや、叔母や叔父、それから友人たちも含めて。

視覚的《ヴィジュアル》なことも、私にとって大事なことです。私が見ていることが、わたしの感じ方にも影響している。それはひとつの驚きです。私がアーティストで、見るものすべてを取り込んでいるからでしょう。

私は私のアートに情熱を持っているのです。何もないところから創り出す。何ものにも代えがたい満足感に浸ることができます。

私にとって環境も大事です。環境を大事にし、モノを無駄にしない。アウトドアにいるのが好きで、自然のなかにいるのが好きです。

サドベリー・バレーでも、すいぶん外で時間を過ごしました。あのブナの樹の木陰で、たくさんの時間を過ごしました。私がファースト・キスを受けたのも、ブナの木陰でした。木登りも、ずいぶん、したなぁ。それも、私の大好きだったことです。冬には、毎日のようにクロスカントリーのスキーをしていました。

私は冒険が好きで、愛にも情熱的です。人生と、生活そのものと、それが自分を素通りしていくのを許さないことに、私は情熱的です。

卒業生の多くが、精神的な諸価値の中心性《セントラリティー》について語ってくれました。サドベリー・バレーで学んだ、平等主義《エガリテアリアニズム》、自由《フリーダム》、他者への尊敬《リスペクト》、そして責任《リスポンスィビリティー》といった諸価値が、日常生活の指針になっている、と感じているのです。

ここにこそまさに、サドベリー・バレーの、ひとつの組織としての中心的な特長があるのであって、サドベリー・バレーに来た子どもたちが、こうした諸価値に共鳴していくことは、別に驚くほどのことでもありません。


以下は、ある卒業生による典型的な発言です。


私はいま、デモクラシーに関わっています。政治は私の情熱のひとつです。私はいつも、政治に関心を持って来ました。サドベリー・バレーにいた間、社会観を養い、社会がどう動くものか理解を深めて来た、と言えば、わかってもらえるのではないでしょうか。

私がいた当時のサドベリー・バレーは、小さな社会でした——そう、百人くらいの。

しかし、そこには公平さがあり、デモクラシーがありました。そこには自治があり、それがわたしの人生の青写真になりました。その青写真が、実社会のなかで損なわれたり、反映されなかったりしたとき、私はほんとうに苦しみました。これらの問題は、私にとって非常に大事なことなのです。

世界に自分の刻印を残す

卒業生のうちの数十人は、卓越することが自分の人生にとって大事である、とコメントしました。

そして、それを上回る数の卒業生が、意味ある人生を送る重要性を指摘しました。さらに、卒業生の多くが、世界に対し、自分の刻印を残したい、と語ってくれました。サドベリー・バレーの卒業生の場合、こうした刻印はたいてい、人に対するサービスというかたちをとっているのです。

卒業生のコメントをいくつか、紹介しましょう。

もし、何かをしたくなったら、ベストのエネルギーと、ベストの意志でもって、現実的にやり遂げます。自分にできるかたちで。

それが私にとっての、核のようなものなのね。

そうやって、いつも、いつも、うまく行くものではないけど、道標にはなる。

いま抽象的な言い方をしたってことは、自分でもわかっているけど、いま言ったことは最も大事なことと思うし、ほかにどんな言い方をしても、なんだか具体的過ぎる感じがします。

音楽なの、私にとって大切なものは。音楽を大事にしている。

それから、注意深く考えることも、私にとって重要で、大切にしていることだし、いい文章を書くってことも、同じ。

私の研究のいくつかも、情熱を傾けるに足る大事なことで、興味津々。大学院の学生たちに教えているときの、教師としての活動も、情熱的になれることね。

それから、私の家族に対しても、いろんな意味で情熱的になれるし。
いま挙げた例はみな、さっき話した、わたし自身の基本的な欲求の現れなの。

ぼくは、サドベリー・バレーのエネルギーを常に感じているのが好き。そうやってぼく自身、エネルギーを注ぎ込んで来たし、毎日、仕事をするぞ、何かをほんとうにやり遂げているんだ、毎日が大きな意味を持っているんだと感じることができて、ぼくは幸せなんだ。

私は、世界をとにかく、よりよい場所にしたいと思っています。たくさんの人びとと、ポジティブなかたちで付き合っていたい。

このことは、いま私が地質学の研究者になって教えていることにも関係します。私たちが何か決断をしなければならないとき、自然界のことを考慮に入れないわけにはいかないからです。個人がベストの決断をするには、自然界をよりよく理解した方がいい。もちろん、行政による規制で個人が守られるということもありうるわけですが……。こういうことに、私は情熱を感じています。

人を助ける

卒業生のなかには、自分は自分の仕事を通じ、人びとを助けるんだと、自分の人生目標をマニフェスト化できている人がいます。人を助けることを、ハッキリ、人生の目標と述べた卒業生は、インタビューした人の三分の一に上っています。

以下はそうした卒業生のなかの二人の発言です。

私はみんなを力づける《エンパワー》のが好きです。自分はほんとうは何者なのか、自分と向かい合い見てもらうのが……。それが私という人間の、大事なあり方なんです。

私は仕事を通じて出遭う人たちの心を、開こうと努力しています。私はひとりの優れたプロでありたいと願っています。ほんとうにハードに働き、はっきり意見を述べ、人びとを動機付けるプロでありたいと。

いまの仕事〔弁護士〕をしていて、私はいろんな人をほんとうに助けているのだな、と感じています。私の顧客《クライアント》のほとんどが、とても感謝してくれています。ひどく困難な状況に追い込まれていた人たちです。

そういう人たちのために私は全力を尽くし、対処している。そう思えることは大事なことであり、私に達成感を与えてくれるのです。

人生の幸せ

自己実現《セルフ・リアライゼーション》も卒業生が大事にしている諸価値のなかで、高くランクされています。挑戦に立ち向かう《ビーイング・チャレンジド》のも、仕事や日々の生活に対する熱い打ち込み《インテンス・インボルブメント》と同様、多くの卒業生にとって、明確な人生の目標であります。

そして、半数以上の卒業生にとって、幸せ《ハピネス》そのものが人生の目標になっています。


幸せになれることをする。それが私の、ほんとうにしたいことです。それが何だかわかるまでに時間がかかりました。「この仕事、いいかも」と思って働いているうち、「自分の人生を賭ける仕事じゃない」と気づいたりして。

だから、ほんとうに興味を持てるフィールドで仕事ができるかどうかが、いまの私にとってとても大事なことになっています。

いまの私のそれは、エジプト学。

とてもエキサイティングで、集中できるんです。


ぼくはいまとても幸せです。ぼくの考え方《フィロソフィー》の基本は、自分が幸せだと思えないのは、間違ったことをしているからだ、ということです。

だから、これって何か幸せじゃないなと感じたら、変えてしまいます。それをしていると楽しい新しい選択肢を見つける。そのために、ジグザグにコースをとっていく。

そういう道を進んでいけば、嫌いなことじゃなくて、自分自身が幸せになる選択肢へ通じる方向をとることができる。

一度経験して嫌になったことは、二度と繰り返さないものです。道を進みながら、自分でも気づかないうちに、大事な何かを学んでいく。以前、味わった、自分が楽しめない状況や物事を避けながら進んでいくのです。

私たちは、私たちがインタビューしたサドベリー・バレーの卒業生全員が、彼・女ら自身の諸価値を生きていると知って、嬉しくて仕方ありませんでした。まだ、自分自身の理想には辿り着けていないと考えている卒業生も、ごく一握りに過ぎませんでした。

コミュニケーションの力

他者との関係のなかで満足することができて、自分から、よいつながりをつくっていくことができる。誰でも、こういう人のことを、ああいいな、と思うことでしょう。あらゆる年齢層が自由にミックスし合う、サドベリー・バレーのような学校環境こそ、そうしたスキルを育くむものだと、私たちは思っています。

私たちの今回の調査で、はっきりわかったことは、調査対象の卒業生の実に九〇%が、ときにどうしても内気になりがちな自分にめげず、他の人ときわめて良好な人間関係を結んでいると思っていることです。そうした卒業生にとって、コミュニケーションこそ、非常に大事なことです。自分自身を高めていくため、腰が引けても、それを乗り越えていけるだけのコミュニケーション能力こそ重要です。

一緒に働く同僚や友人、家族との関係を気持ちのいいものにしていくため、どう交渉し、どう自分の考えを表していくか。それを卒業生たちは、どうやって学んだか。

卒業生たちの言葉に耳を傾けることにしましょう。

ぼくはいろんなタイプの人と一緒に仕事をして来たので、どうやったら物事をうまくやれるか、どうしたら間違ったやり方をみんなに押し付けずに済むか、学ぶことができました。

それは、どんなに無理してでも相手と上手にやることではありません。ほんとうに何か言いたいことが自分の中に出て来たら、自分の気持ちを声に出して言えばいい。でも、そうでなければ、とにかくいろんな人たちとうまく付き合うことを学んだらいいと思う。

ぼくはこれまでたいてい、ピラミッド型の上下関係ではない、水平な人間関係と関わりの中で生きて来ました。

ぼくも自分でビジネスしていますが、だからといってボスじゃありません。ぼくのアイデアから生まれたビジネスだけれど、あくまでパート勤務の出資者として関わっています。

ぼくはぼくと同じだけ、夢中になって打ち込むような仲間と一緒でないと、楽しくありません。

ぼくが加わって音楽活動をしているバンドは、売れないバンドですが、みんなで一緒に創る音楽だから、みんなでやっている。そして、みんなが自然と協働するようになっている。

ぼくも曲を書いて、バンドの方向性を決める一人だけれど、そういうことより、ぼくもみんなも、そこにいたいから、そこに集まって来る。みんなで何かを一緒にやる。そして、みんながその場で一緒になる。

私は相手の言いたいことに耳を傾けます。それから、どうしたらいいか、私の方から話します。相手の言うことと、こちらの知っていることを、互いに少しずつ持ち寄り、何がベストで安全か、そのためにどうしたらいいのか、探ります。

そうやって、たとえばコンクリートを片面に打ち込むべきかどうか、考えます。巨大な構築物だと、下手すると崩壊するので危険です。十メートルもの厚さの生コンクリートを頭から浴びることにもなります。

それは、もっと小さな建物を建てるときも同じです。何をするにせよ、両サイドの意見に耳を傾け、自分たちがいま、していることの中から、最善の状況を取り出す努力をするしかないのです。

結局は同じことでも、意見が食い違って言い合っていたりするとき、それってこういうことじゃない、と言葉にしてみせる。これが私の得意技です。

コミュニケーションがダウンしているから、そういう食い違いが起きてしまう。私が説明すると、大概、納得してくれます。私は尊敬というものを、そんなところでいっぱい、もらっている。で、それがどういうふうに始まるかというと、たとえば誰かが私のところに、ある人に自分がどんなにひどいことをされたかとか、それがどれだけひどいことだったとか、もうその人とは一緒に仕事ができないとか、言いに来たりする。

そんなとき、当事者のふたりをひとつにつなげ、問題を整理してあげる。それがうまくいけば、それはわたしを含むみんなにとって、たいへんなご褒美になるわけです。

重要な他者、あるいは子どもたちと、良い人間関係を結ぶために、自分がどんなスキルを開発し、使っているか。

このことについても、多くの卒業生が語ってくれました。他者に対し、心を開いていくことが、親としての力を高めてくれたとも、かなりの数の卒業生が言っています。

柔軟さと忍耐

そうしたなかで、私たちがとくに関心を引かれた大事なことが、ひとつあります。それは、サドベリー・バレーの卒業生たちの柔軟さです。

人生はみな、誰の人生であれ、変化もすれば後退もします。そうしたことに誰もが対処しなければなりません。

私たちの卒業生は、変化に対応することで得たものを誇りに思っています。たいへんな忍耐力があり、大小さまざまな破局に直面しても乗り切っていけるだけの、大きな自信を持っています。

高水準の自信、これがサドベリー・バレーの卒業生全般に共通するものです。

それにプラスして、根性と決意。

以下は卒業生のひとり、若い女性の物語です。

私のなかで最も暗い時期のひとつは、私が妊娠していた時期と出産後です。夫も私も失業していて、経済的にも苦しかった。夫はその後、職を得たのですが、工場での十二時間交代勤務。私は彼の顔を見ることもありませんでした。

私たちは海岸近くに住んでいたのですが、私はその町を好きになれませんでした。住むのがいやだったのは、その町がやたら落ち着かなく、うるさくて、緑がなかったからです。

そう、ほんとうに一本の樹もなかった。

海はきれいでしたが、私が住んでいたのは、オートバイのライダーたちのためのバーの隣。

そうこうしているうちに、私はこう思うようになりました。「これって、このまま続いていくことなの？　これが私の大人の人生なの？　夫の顔さえ見ることなく、ストレスばかり増え、貧しく、壊れていくだけなの？」

私はどうしたらいいか考え始めました。

私は自分にこう言いました。「違う。私はサドベリー・バレーで学んだんだ。自分自身の未来を、私は自分でつくれるんだ。私はいまの状態を受け容れられない。私は前に進んでいくんだ」と。

私はサドベリー・バレーで身に着けた知識を総動員して考え抜き、その夏、キャンプに出かける決断をしたのです。

怖さもあったけど、私は自分にこう言い聞かせました。「やってみようよ。キャンプしてお金をためよう。自然の中に出て行こう。この海岸を出よう」。

私たちはキャンプをしたことがきっかけとなって、いまの店を持てるようになりました。店をやるのも、大変なことで腰が引けましたが、私はちゃんとわかっていました。

それが私のほんとうにやりたいことなら、私はうまくやれる、と。

別の卒業生も、こう語っています。

ぼくがこれまで心がけて来たのは、満足できなかったり、ハッピーでなかったりしたとき、それがいったい何なのか、ピンポイントで探し当て、どうしたらいいか対策を考え出すことです。どうしたら、見方を変えることができるのか、生き方を変えることができるのか、と。

仕事でそうなったら、仕事を変えます。

しかし、自分にとってほんとうに大事なことを捨て去って、まだやりきっていないのに、と思うときも、けっこうあります。それはたとえば、写真だったり、乗馬だったり。そういうときは、自分の焦点《フォーカス》をもう一度、もとに戻さなくちゃならない。自分の好きなことをして、それを人生の中心に据えなくちゃなりません。

人生の美としての変化

変化《チェインジ》とは人生における美《ビューティー》である。これは以下に紹介する卒業生の場合でもそうです。

サドベリー・バレーがぼくに及ぼした影響って、そこにいたとき思っていた以上でした。サドベリー・バレーがつくられた意味、背景にある哲学《フィロソフィー》って、そこに学んだ人間の人生をつくり上げることなんです。卒業したあと、それは現実的なかたち《バージョン》になって、出て来る。そういう変化を、ぼくはうまくくぐり抜けることができる。ぼくはけっこう適応力があるんです。

ぼくの妻が妊娠したとき、周りの人からこう言われたものです。「これであなたたちの人生、変わるわね」って。

ひどくバカにされたような気がしました。

これからどうなるか、あなたたちまだ若いから、まだ、わからないわよね。余計なこと考えないで、黙って見ていなさい、と言われたような。

こういうのって、ほとんど侮蔑《ぶべつ》ですね。

だから、ぼくはいつも、こんなふうに反応していた。

「何、知ったかぶりしているんだよ。おれはね、変わることが好きなんだ。変わっていくことが好きなんだ。止まっているのは好きじゃない。動いていくのが、発見して学ぶことが、おれは好きなんだよ」

変化のない人生って、ほんとうにつまりませんよね。

子どもを見ればわかるでしょ。世界の中へやって来て、あらゆる奇跡を経験していく。

そう、すべてはみな変化するものなのです。そしてそれは、よりよい方向へと変化していく……。

サドベリー・バレーで得たものが、その後の人生に影響を及ぼしている――卒業生の多くが、そう語っています。

何人かの卒業生に登場してもらいましょう。

サドベリー・バレーでのあの日に、ほんとうに戻りたい！　わたしは、みんなにこう言っているの。

サドベリー・バレーはわたしの人生の最良の時だった。

私が私になっていくのに、すごいインパクトを与えてくれた。

ほんとうにすごかった、と。

陳腐《ちんぷ》な言い方だと思ってほしくないんだけど……そう、サドベリー・バレーはぼくにとってとても大切なところでした。両親は別れて、母親は落ち込んでしまい、ぼくの生活もめちゃくちゃだった。

サドベリー・バレーはそんなぼくに、人生って何だと考える機会を与えてくれた。それはぼくにとって、すごいことだったと思う。

ぼくは、ぼくの人生の中の十一年間も、そこで過ごしたんだ。だから、一日中、朝の八時から夕方の五時まで、サドベリー・バレーのことを語っていられる。

夏休みになるのが嫌だったな。学校に行けないのが嫌だったな。

私がもし、サドベリー・バレーではなく、昔ながらの教育システムをくぐり抜けていたら、非常に違った人間になっていたと思います。

私が持っている自信、そしてそれが何であれ、私が取り組みたいと思っていることに取り組んでいく力は主に、私自身の教育を自分でつくっていく信頼を与えられたことによるものだと思います。

その信頼とは、幼いころから、何が自分にとってベストなのか、自分で知ることができたという信頼であります。

対処の術《すべ》を知らずに状況に直面したことはありません。新しいことに取り組む場合は、やはり時間がかかります。しかし、それにしても、どんなことにも対処できる、内なる力や方向性、能力に、自分は欠けていると感じたことはありません。私はそういう人間なんだな、と思っています。

サドベリー・バレーは私に、自分の内面をほんとうに直視する機会を与えてくれました。私って何者なのかを見る機会を。

サドベリー・バレーはまた、他者について学ぶ機会を与えてくれました。

自分自身の日常を、さらには自分自身の人生をコントロールしている人たちが、さまざまな状況の中でどんな行動をしているか、目の当たりにすることができたのです。

相手にどう語りかけ、どうコミュニケーションをとるべきかを学び、実際に相手とそうしたコミュニケーションをとることで、多くのことを学んだのです。

対等な個人として

私たちの卒業生は、自分たちが自分自身《セルフ・ノリッジ》を知り、自分に自信《セルフ・コンフィデンス》を持っているのは、サドベリー・バレーでの自己形成の歳月を通し、とても基本的なかたちで、自分がひとりの対等の人間として扱われたからだ、と考えています。

以下のコメントにもあるように、何がインパクトだったかというと、年上の大人からも年下の子どもからも対等の人間として扱われたことだというのです。

サドベリー・バレーは、ぼくにとって、とてもメジャーな体験《インフルエンス》でした。サドベリーなしに、いまここにいることはないし、ぼくがいまのぼくであることもなかったと思います。

サドベリー・バレーに来る前、ぼくは私立校に通っていました。そこではすごい年齢差別がありました。

わかるでしょ。教師たちを、ご主人《サー》さまとか奥様《マーム》付きで呼んでいる学校だったのです。

そんな私立から来たものですから、サドベリーでの最初の一週間は大変でした。

たとえば、ミムジーに向かって「お願いします《エクスキューズ・ミー》、奥様《マーム》」と、ついつい言ってしまったりして。

そのたびに、みんなに笑われた——素敵な笑いでしたが、笑われたことはたしかです——ことを覚えています。

ぼくがそう言うと、ミムジーは「わたしの名前はミムジーというのよ。そう呼んで」と諭《さと》してくれました。

心が揺さぶられた気がしました。ぼくをひとりの人間として、話しかけてくれる大人たちがいる。

そういう人たちと人間関係を持てる。大人の下じゃなくて、ここではいつも対等の人間としていられるんだ、と。

そのあと、ぼくのところに四歳の女の子たちがやって来て、平気に、ふつうに話しかけて来ました。「ヘイ、私もあなたと同じよ。ちゃんと尊敬してね」って、
そんなサドベリー・バレーの環境のなかで、ぼくはほんとうにリラックスすることができた。年齢の違いなんて重要なことじゃない。自分のなかに、ほんとうの人間を持っていることが重要なんだって気づくことができました。


私たちはみんな対等でした。当時のサドベリー・バレーはまだ人が少なかった。スタッフと生徒たちの間には、地位とかに関する限り、大きな違いはなかったですね。みんな、どんなことにも、自分の意見を言うことができたし。

おかしかった一番の思い出は、ある小さな女の子が、苦情を訴えるシートに自分の主張を書いてくれって、誰かのところへ持っていったんだ。彼女、まだ字を書けなかったから。

で、誰にたいする苦情だった思う？　それがダニー〔注・ダニエル・グリーバーグ氏のこと〕なの。

しかも、彼女は自分の主張を通し、苦情を認めさせてしまった！

みんな五歳のその子の言い分に真剣に耳を傾けた。ダニーに対してと同じくらいにね。

それが、この学校に誰もが対等に関わっているんだという帰属感を呼んだんだ。

それって、すごい自信につながりますよね。私の場合も、すごい自信を持つことができましたし。

時間を無駄に流さない

卒業生の多くにとって、サドベリー・バレーの自由は、時間の無駄遣いを防ぐものでした。

卒業生のひとりは、こう言います。

公立の小学校に六年生までいました。間違ったところにいた、と思っています。校則《ルール》を決められたり、宿題を与えられたりしたとき、ぼくは「どうして？」と聞いたものです。納得できれば、「その決まり、いいね。気に入ったから、ぼくは守るよ」と言ったものです。でも公立の小学校では、そういうのって、あまりなかった。

いろんなことを教え込まれて、ぼくは飽き飽きしちゃった。年号とか数字とか、そういうものを暗記するのが、とても苦手だったから。

ぼくは物事のコンセプトを学ぶのが好きでした。物事をどう捉えたらいいかを考えるのが。

そんなとき、ぼくの前にサドベリー・バレーが現れたのです。そこには反抗したくなるようなものは何もありませんでした。校則をひとつひとつ説明してもらったし、理由も完璧で、ぼくの理解できることばかりだった。

その理由は、論理的だったということ。

意味あることに、反抗なんかできるわけがない。ぼくが反抗を止めたのは、そうことがあったからです。

そのことが他の何よりも、ぼくの時間を無駄遣いから守ってくれたようです。それまで制度《システム》に対する反抗に費やしていた創造的なエネルギーのすべてを、サドベリー・バレーでは学ぶことに注ぎ込むことができたからです。

運命をコントロール

あなたは自分自身の人生を、コントロールしていると思っていますか?——私たちはサドベリー・バレーの卒業生たちに、この点についても回答を求めました。

その結果、卒業生たちの、自分自身の運命《デスティニー》をコントロールできているという感覚は実に強烈《パワフル》で、激しくエキサイティングなものだと分かりました。

卒業生の大多数が、自分で自分の人生をコントロールしていると、実際、感じていたのです。

もちろん、偶発的な出来事から、誰しも逃れることはできません。卒業生たちも、そのことはわかっています。しかし卒業生たちは、そんなとき、どうしたら自分を力づけることができるか、驚くべき明晰《めいせき》な理解を手にしていたのです。

ぼくは何処へ行くにも、何をするにも、すべて自分で決定して来ました。ぼくの人生のあらゆるステップを、自分で計画して来ました。目標を立て、ゴールに辿り着いて来ました。

いま、ぼくには、新しい目標がたくさんあって、すべてやりぬかなくちゃならない。目標に辿り着くスピードが速かったので、目標をいっぱい立ててしまった。

ぼくの人生は、全部こんな具合。そういう生き方をして来たから。

もちろん、ぼくの妻もそんなぼくの生き方の一部。ぼくたちはチームだから。

でも、ぼくはここまで自分ひとりでやって来たつもりです。

サドベリー・バレーに行ったのも、実はぼく自身の選択。「あなたは、そこに行かなくちゃならないのよ」と、親に言われたわけじゃありません。

それは、ぼくがぼく自身に与えた選択でした。

深い幸せを求めて

最後にもう一度、卒業生にとって「幸せ」とは何かという問題に戻ることにしましょう。

私たちが卒業生にインタビューして受けた圧倒的な印象は、彼・女たちが幸せを追求している、ということでした。

それも、深い幸せ《ディープ・ハピネス》。その深い幸せは、すでに語られたように、人生のあらゆる側面に関係するものでなければなりません。

つまり、自分は自分の人生をコントロールしているんだ、自分自身の価値を生きているんだ、喜びを感じる人生を生きているんだ、関心のある物事を学び、追求しているんだ、自分は自分の人生を成就するものに向かっているんだ、見つけたんだ、揺るぎのない深い人間関係を持つことができたんだ、そして最後に何よりもまず、自分は自由についての深い感覚《ディープ・センス》を持つことができたんだ……そういうふうに思える幸せ。


強靭《きょうじん》な知性を持つ、若い卒業生のひとりは、これをこんなふうに要約してみせます。


ぼくは一般に「アカデミア」と分類されている活動分野にとても引かれています。ぼくが、サドベリー・バレーにスタッフとして戻って来たのは、ぼくの人生のなかで、それ以上、知的なコミュニティーに出遭えなかったからです。

ぼくはみんなに、いつもこう言っています。あらゆる物事を、最初の原則から話し始める、そしてそのことが大事だとされる場所、それがサドベリー・バレーだと。

もちろん、ぼくは学年の有無といったことを言っているのではありません。

とにかく、そういう話し合いが行われている場所を、ぼくはほかに知りません。

サドベリー・バレーでは、話し合いをするのは、そうしていたいから。

知識をひけらかすこともなければ、賞賛されようと無理することもない。自分自身がとても興味を持っていることだから、そのことを話す。お互い知っていることを分け合う。

ぼくはいろんな大学に行ったけど、こういうところはサドベリー・バレー以外にほとんどありませんでした。


最後、もうひとり、卒業生に登場してもらいましょう。


ぼくの家族、ぼくの友人、そして僕の芸術《アート》は、ぼくにとって最も大切なものなんだ。芸術的な創造、そしてぼくが愛する人びとと過ごす時間。このふたつは、ぼくの人生で一番大事なものです。

創らなくちゃ、と思っている作品を創ること、美を創造すること、おもしろいものを創ること――それはみな、自分が愛する人たちと結びついたことなんだ。

ぼくは何かを創らなくちゃならない。おもしろいものを出現させなくちゃならない。ぼくは、ぼく自身の人間性《ヒューマニティー》の表現として、それをやっている。それをぼくが分かち合う人たちって、ぼくが愛する人たちに限られるけど、そういう人たちって、なんでもともにすることができる一番大事な人たちなんだ。

ぼくは世間に出てどうの、といった出世欲から完全に切れている。昔はそういう気持ちもあったけれど、いまのぼくは、いい仕事をしたいと素朴に思う、ほんとうの意味での素直な心があるだけだ。

自分が知っている人、大切に思っている人が、ぼくの作品を聴いてくれればそれでいいし、知らない人たちに知ってもらえれば、それもうれしい。

しかし、基本的に大事なのは、自分自身のバリアーを乗り越え、自分自身の達成のために、創造するってことだ。

しかし、そうはいっても、芸術の可能性の中から、小さなスライスを切り取ることしか、ぼくらはできない。でも、自分にやれる分だけ、自分のスライスを手にすることはできる。そんな目標に辿り着き、自分のコミュニティーの仲間と、それを分かち合う。

いまのぼくが帰属するコミュニティーはけっこう大きなものだ。この地域に住むミュージシャンたちが加わっているから。

その絆は、家族のように直接的なものじゃないけど、親類のような感じはする。同じミュージシャン同士の。


以上、私はサドベリー・バレーの卒業生たちの、その後の人生について、そのいくつかの素描を紹介して来ました。

私たちのインタビューは、卒業生たちの、全体としての姿を明らかにしました。

卒業生たちは、驚くべき大人たちの一群になっていました。

成長期にサドベリー・バレーで得た経験によってさらに深められた、充実《フル》していて豊か《リッチ》な人生を送る、大人の一群に育っていたのです。

あとがき
――プディングは卒業生の味

だれにもサドベリー・バレー校に別れを告げるときが、いつかは必ずやって来ます。そのあとは、自分の力で世界に分け入っていかなければなりません。

彼・女らがその後、どのような人生を送るようになったかで、学校教育の成否は決まるのです。ことわざにあるように、プディングの味は食べたものにしか分からないのです。サドベリー・バレー校のことは、そこを巣立った者が一番よく分かっているのです。


できるなら高校の卒業証書を手に巣立っていきたいと思うのは、自然の成り行きです。この学校でも、そう考える子どもが多い。わたしたちは開校後、一年かけて、どんなかたちで卒業証書を渡すか議論を重ねました。

わたしたちの考え方からして、ふつうの基準で卒業証書を発行することは不可能なことでした。成績とかコースとか、単位とか年数といった基準で、卒業を認めるようなことはしたくなかったのです。この学校は、こうした「達成」のすべてを子どもたちに求めていません。わたしたちスタッフも、当の子どもたちも、このような代物に価値を見いだせないのです。

したがって、卒業証書を出すという考えそのものが、この学校の理想ともろにぶつかってしまいます。卒業証書が学校による公式な証明であるならば、そこにはどうしても「評価」が入り込まざるを得ません。ところが、それこそ、わたしたちがサドベリー・バレー校から追放しようとしたものなのです。

悩んだ挙げ句、わたしたちは絶妙な解決策に立ち至りました。アイデアはいたって簡単です。もともとわたしたちが掲げた目標は、自由社会での人生のチャレンジに責任を持って立ち向かえる生徒をこの学校から送りだすことでした。とすれば、卒業証書もその目的に合致させればいいのです。

正式の卒業証書を求める生徒は、その旨を学校の仲間に告知し、自分が卒業後も責任ある市民として社会に貢献できることを証明しなければなりません。そのためには、仲間やスタッフらの心に響き、納得させるだけのプレゼンテーションを行わなければなりません。プレゼンテーションをどうやるかは本人次第です。自分の考えをどんな形にまとめたって構いやしません。

プレゼンテーションをし終わったら、発表を聞きに集まった仲間やスタッフから質問を浴びます。議論はときに白熱化します。質問攻めを受けたあと、自分のプレゼンテーションにまだ自信があれば、卒業証書の発行を申請します。

申請を認めるかどうかは投票で決めます。たしかにこれも評価といえば評価になるでしょう。しかし、それは生徒本人がハッキリと求めたものです。ですから、わたしたちとしては喜んで決定に加わります。

この卒業証書の発行手続きは厳格に行われます。わたしたちスタッフのなかから「生徒でなくてよかった」という声が出たほどです。子どもたちのなかには、十六歳で申請する子もいます。しかし、ふつうは十七歳か十八歳で取得しようとします。

以前、まだ、卒業証書を受けるところまで行っていないのに、なんとかごまかして取得しようとした男の子がいました。しかし、わたしたちは卒業証書の発行を認めませんでした。その子は結局、卒業証書なしで学校を巣立って行ったのです。

十年後、その子が学校に顔を出し、こう言ってわたしたちに感謝しました。「自分自身をごまかさないことを教えてくれて、ありがとう」と。

サドベリー・バレー校の子どもたちの多くは、卒業証書なしでも、どんどん世の中に出て行きます。卒業証書があろうとなかろうと、たいして違いはないからです。問題は、その子が今後、意味ある人生を送っていくうえで、在学中、内なる力をどれだけ培ったか、ということです。

もちろん、この学校でも、子どもたちが巣立ったあと、彼・女らがどんな風に生きているか記録をとっています。大学やその他の高等教育機関に進んだ子も大勢います。進学を希望して失敗したケースはひとつもありません。ほとんどが第一希望のところに入っています。大学の入学担当者によれば、この学校で受けた「非正統の教育」はマイナスになっていません。むしろ、プラスになっています。進学者が卒業証書を持っていようと、いまいと、関係ありません。

サドベリー・バレー校から真っ直ぐ職業生活に入る子もいます。自分自身の目標を、そういう形で追求する子どもたちです。会社の役員、車の整備士、ミュージシャン、デザイナー、技術者、セール

ゆるやかな斜面に立つサドベリーの校舎

ス担当――とにかく、ありとあらゆる職業人が生まれています。大学に進んだ子も、実にさまざまな職業に就いています。わたしたちも、ちょっとやそっとのことで驚かないほどになりました。

造園の仕事をしている卒業生に、自宅や学校の庭の手入れをしてもらうことは、この上ない喜びです。カイロプラクティックの施術者となったOBに、治療のアポイントメントを申し込むのも、何だか背中がくすぐられる体験です。葬儀屋になった子もいますから、いずれお世話になることでしょう。

サドベリー・バレー校の伝統でひとつ特徴的なのは、この学校を巣立った子どもたちの中に人を見下す傲慢さがみられないことです。

この学校では、ヒエラルキーの上下関係を徹底して排除して来ました。「選別」などというものは、この学校のどこにもありません。だから、大学に進学するのが一番で、次ぎが専門的な訓練を受ける生徒、就職組は最もダメな子どもたち、といった馬鹿げた区別はどこを見渡してもないのです。区別があるとすれば、それは子どもたちの関心が浅いか深いかという違いだけです。優秀か優秀でないかという区別は、少なくともこの学校には一切ありません。

結果として、この学校では、何をしようと無関係に、だれもが調和して生きていけるのです。ここで身につけた態度が、生涯を貫くものになるのです。ほかの仲間がどの道を行こうと、自分は自分の道を進む余裕と気安さが、サドベリー・バレー校の子どもたちにはあるのです。

子どもたちがこの学校を巣立ったあと、どんな人生を送っているかについては、すでに研究がいくつかまとまっています。その種の調査は、今後も継続して行われることでしょう。

これまでの研究結果によると、サドベリー・バレー校の同窓生は、総じて独立心に富んでいるそうです。人生の目的を持ち、自分というものを見失わない、社会性に溢れた人間に育っていることも確認されています。が、何といっても同窓生たちをひとつに結び付けているのは、育ち盛りの歳月を何者にも奪われなかったという共通認識です。

サドベリー・バレー校で彼・女らは、自分の「子ども期」を満喫することが出来たのです。そして、彼・女らだけが創り得る素敵な絵柄に自分自身を織り上げて行ったのです。

わたしたちがそんな彼・女らに贈った最大のプレゼントといえば、「自分自身のままでいられること」です。わたしたちは、彼・女自身のものを、決して奪いませんでした。そのことによって、「教育的」な人々が与える以上のものを贈ることが出来たのです。

これが、わたしたちの、子どもたちに対する大いなる遺産です。

日本語新版への訳者あとがき

拙訳による本書の初版邦訳（絶版）が、『「超」学校』のタイトルで、一光社から出版されたのは、一九九六年十二月のことでした。

翻訳者であるわたしと、サドベリー・バレーとの出遭いについては、今回、再録した邦訳初版冒頭の「サドベリー・バレー（谷）にようこそ」（訳者による、かなり個人的な道案内）に書いたように、一九八四年に遡ります。

その年の六月、米コロラド州ボールダーのコロラド大学で開かれた教育改革派による教研集会の場で、わたしはサドベリー・バレーの創立メンバーであるピーター・グレイさん（ボストン・カレッジの心理学の先生）に出会ったのです。

これは実は、誤解を恐れ、これまで一部の人にしか言わなかったことですが、そのグレイさんからサドベリー・バレーの話を聞いた夜、わたしは夢を見ました。

モノクロの夢でした。

木造の建物の内部で、部屋の奥から、子どもたち（西洋人）がゾロゾロ出て来る場面を夢に見たのです。

グレイさんの説明に刺激を受けて、サドベリー・バレーのことを想像して夢に見たんだと、わたしはそう思い、特段、気にもかけませんでした。

驚いたのは、二〇〇〇年の春、わたしがサドベリー・バレーを訪れ、初めて校舎（といっても、昔の富豪の別荘跡ですが）に入り、二階に上がったときのことです。

ボールダーの宿舎で夢見た「部屋」がそこにあったのです。

サドベリー・バレーはあいにく春休み中で、子どもたちはいませんでした。

わたしは、案内してくれたダニエル・グリーンバーグさんの妻、ハンナ夫人に夢の話をして、尋ねてみました。

「ここはふだん、子どもたちがいっぱいいる部屋なのですか？」

答えはこうでした。

「いまはあまり使われない部屋だけど、昔は子どもたちのたまり場だった部屋だ」と。

ハンナさんのその言葉を聞いてわたしは、不思議に安らぎ、納得したような気分になったのです。

わたしは、春のその日をサドベリー・バレーで過ごしました。この学校の子どもになったつもりで見て回りました。あの、川をせきとめた池も、敷地の真ん中に立つブナの巨木も。

そして、草の上に寝転んで、わたしは空を見上げた。

そのときの、マサチューセッツの青空に浮かんだ白い雲の流れを、いまもはっきりと思い浮かべることができます。

あのモノクロの夢に負けないだけの、驚くほどシャープな鮮明さで。


本書（日本語新版）は、『「超」学校』と題した邦訳初版（絶版）を増補し、サドベリー・バレーのエッセンスのこもった原著に、新たに二つの視野を加えて、奥行きを深めたものです。

第一の視野は、ダニエル・グリーンバーグさんが今回、書き下ろしてくれた「日本語新版への序文」が示す、「歴史的な視野」です。

サドベリー・バレーはどのような歴史的な背景のなかで出現したのか、グリーンバーグさんは実にわかりやすいかたちで、解説してくれました。

二一世紀のための学校、サドベリー・バレー型の学校は、いわゆる「ポスト産業社会」型の学校であることを、古代ギリシャ以来の教育史を総括しながら、立証してくれたような気がします。

第二の視野は、サドベリー・バレーの中心メンバーで、ダニエル・グリーンバーグさんの同僚でもあるミムジー・サドゥスキーさんが、これも本書（日本語新版）のために書き下ろしてくれた「アフターワード」、「美しい子ども期は、美しい人生の出発点になるか？」のなかで示されています。

つまり、ひとことで言えば、「人生的な視野」。

ここでは、サドベリー・バレーの卒業生が、その後の人生をどう生きたか、どう生きているかが、徹底した調査で明らかにされています。

学校は、そこで学んだ個人の、人生のための学校でなければならないのは当然のことでしょう。学校での時間が、その後の人生の時間をプラスにするものでなかったら、意味がありません。しからば、サドベリー・バレーは卒業生の人生にプラスの影響を与えたのかどうか、与えたとしたら、そのインパクトの中身は何だったのか?

答えは、みなさんがすでにお読みになった通りです。

サドベリー・バレーをモデルとした学校は、いまや世界各地にどんどん設立されています。本書の原著も中国語、デンマーク語など各国語に翻訳され、各地での学校づくりのベースを提供しています。

先日もドイツ語版が出たというので取り寄せ、ついでドイツの状況を調べてみたら、ベルリンにサドベリー・バレー型の学校が誕生していました。

日本でも長野市の「グリーンヒルズ小学校」(教育特区による私立校)のように、サドベリー・バレーに深く影響された学校が生まれ始めています。

ダニエル・グリーンバーグさんが指摘するように、時代はすでに産業期から情報期へと転換し、新しい時代に即した新しい学校が——画一的であったり統制的ではない、自由とデモクラシーの、サドベリー・バレー型の学校が、この日本でも切実に求められています。

高地、コロラド・ボールダーの夜空の下でわたしが見た夢は、マサチューセッツのサドベリー・バレーの、春の日の現実に続く夢でした。

その夢の続きを、この日本で、もっともっと見てみたい。新しい現実を目の当たりにしたい。

そんなわたしの個人的な思いは、本書を読んだみなさんのお気持ちにも通じるものだと思います。

最後になりましたが、本書（日本語新版）の出版を快く引き受けてくださった緑風出版の高須次郎社長に感謝申し上げます。

また、失意の淵にあったわたしを常に励まし、脅かし、本書の出版を陰で支えてくれた同志的な友人、「リンクス・アカデミー」（東京・東急東横線学芸大学駅前）代表で、同時通訳者でもある呉春美さんにも、この場をかりて、感謝の意を表明したいと思います。

二〇〇六年三月　亡妻、久美子の遺影が微笑む、横浜の家の机の前で

訳者　大沼　安史

「改訂新版」訳者あとがき

——サドベリー・バレー　開校50年に寄せて「そして、こどもが世界を導いて行く」

本のタイトルの説明から始めたいと思います。

本書の原書のタイトルは、*Free at Last: The Sudbury Valley School* です。原題の後ろ半分、「サドベリー・バレー校（The Sudbury Valley School）」とはもちろん、この本の舞台である米国マサチューセッツ州の州都、ボストン郊外、フラミンガムに実在する学校のことです。頭文字で略してSVS。

日本式の言い方を無理やりあてはめれば、「幼小中高一貫教育の私立校」になります。でも日本で「一貫教育の私立」というと、「有名大学合格を目指した進学校」といったイメージが浮かびますが、全然違います。SVSはそれとは全く別の、日本の学校教育関係者が聞いたら、「そんなバカな！　そんなの絶対にあり得ない！」と、唖然として腰を抜かし憤然して席を立つほどタイプを異にする、別世界の存在ともいうべき「新しい学校」です。

唖然・憤然は言いすぎかもしれません。しかし驚きのあまり呆然として、しばし前へ読み進めなかったという、信頼する教師を知っています。

原題のはじめの部分、「フリー・アット・ラスト（Free at Last）」とは、「ようやく・初めて・自由になった」という意味。冤罪《えんざい》で獄につながれていた人が、最終的に無罪を証明され、晴れて自由の身になったときなどによく使われる言葉です。

サドベリー・バレー校という場所で、遂に自由に学べる時間と空間を得たこどもたちの姿を、これほど端的に表す英語フレーズは他にはないような気がします。

ここサドベリー・バレー（サドベリー谷）に来て、自由な安住の地をとうとう見つけたSVSのこどもたち。

本書は、サドベリーの創始者、ダニエル・グリーンバーグ博士（物理学・科学史、元・米国コロンビア大学准教授）が、そんな新タイプの学校でのこどもたちの姿を、エピソードを交えてエッセイ風に描き出したものです。驚きの連続で、目のうろこが何枚も落ちます。

米国の「学校」も日本と同様、本来、こどもたち固有のものであるはずの「成長する時間」が割られ（時間割）、「居場所」（座席）が固定され、こどもたちの好奇心とはほとんど無縁なカリキュラムの下、スケジュールに沿って授業やテストが強行され、成績評価という選別がなされる「教育工場《ファクトリー》」とも言うべき施設ですが、その対極にあるともいえるサドベリー・バレー校で、こどもたちが学び育つとき、その場所を指す「学校」という言葉はどう意味を変え、その現実はどう変わるのか？

本書日本語版のタイトル、『世界一　素敵な学校』は、その答えを一言で表したものです。そこは、もはや強制と管理がすみずみまで浸透した息苦しい空間ではありません。そこに来て、そこにいるだけで素直に嬉しい、素敵な場所に変わるのです。

日本で「学校」に「素敵な」という修飾語が稀《まれ》につくのは、校舎や制服のデザインなどの外的な付属物に限られるようですが、サドベリー・バレー校は、そこにある内実が、そこに流れているこどもたちの時間が素晴らしいのです。

この日本語版の読者の方々は、本書の本文を驚きながら読み進むうち、邦題を『世界一素敵な学校―サドベリー・バレー物語』としたことに同意してくださることでしょう。

言うまでもないことですが、ここでいう「世界一」とは、競争のピラミッドの頂点に立つ、という意味ではありません。この世界に生きるこどもたちにとって、SVSが、その子にかけがえのないものになっている、という含みを持たせたタイトルです。

この世に生まれてきたこどもたちが、それぞれの《こども期《チャイルドフッド》》を自分自身の主体性で生きていける、その子に世界でただひとつのかけがえのない学校――それが、サドベリー・バレー校です。

SVSの開校は、一九六八年七月一日のことですから、五十年という月日がすでに流れています。

米国の教育の歴史をたどりますと、一九六〇年代、七〇年代は、いわゆる「フリースクール」が各地に続々と生まれ、教育改革の草の根運動が真っ盛りの時代。サドベリー・バレー校もまた、そのなかで創設された時代の申し子というべき存在のひとつですが、一時的な熱狂のあと姿を消して行ったほかの学校と違うのは、こどもたちとスタッフたち全員が平等に直接参加する学校デモクラシーが機能し、自分たちで問題を解決し、自分たちの学びの場を守り継承・維持して来たことです。

ＳＶＳのあるマサチューセッツ州は米国東部の「ニューイングランド」地方の一画です。そこには、町の住人が全員参加で物事を決めていく参加型デモクラシーの伝統がありました。ＳＶＳはそれを学校の自治に息づかせ、持続と進化を遂げてきたのです。

本書の「第二部　学校生活」にある「全校集会」は開校第一週から始まったもので、ＳＶＳの意思決定の場です。週に一度、必ず開かれます。議事録がとられ、新たに決まったことは分厚い規則集に反映されます。

ＳＶＳの自由とはつまり、規則を破壊する放縦《ほうじゅう》さとは違うのです。いちど決めた規則が問題だと分かれば、話し合って変えて行きます。そういう柔軟さがあります。地毛でも茶髪に見えるから黒く染めろとか、教師らが「上から」押し付ける日本の「校則」とは大違いです。

もう一点、サドベリー・バレー校が、百花繚乱のあと雲散霧消したほかのフリースクールと違って五十年の時を刻むことができたのは、創始者のダニエル・グリーンバーグさんらが「内向きの、閉じられた学校」で「これで、よし」としなかったことです。

ほかのフリースクールは、とりあえず「店先《ストア・フロント》」や「教会の一室」などで開いた、にわか仕立てのところが多かったのですが、グリーンバーグさんらはあくまで「学校」を、学校と言える学校をつくろうとしました。幸運にも、昔、「航海王」と呼ばれた伝説の人物の別荘を買い取ることができ、石造りの建物を補修して校舎にすることができました。

地元の教育委員会と話し合い、「私立学校」と認めてもらいました。地域社会の家庭から、こどもたちが通ってくる「ふつうの学校」を目指し、設立趣意書をつくって説明して歩きました。サドベリー・バレー校の教育理念が実は合衆国憲法などに合致するものであることを、法律家を交えた討論の場で確認し、孤絶したものではない「開かれた学校」として出発し、これまで歩んで来たのです。

本書の原書、*Free at Last* の初版が刊行されたのは、一九九五年のことですから、開校して四半世紀がすぎて数年したころのことです。

グリーンバーグさんが開校五十周年を迎えるにあたり、SVSのホームページ（https://sudburyvalley.org/）に掲載した「これまでの歩み」によりますと、サドベリー・バレー校が財政的にも安定軌道に入ったのは、一九八〇年代の終わりのこと。「これが、みなさんの参考にしていただける、新しい、持続可能な学校モデルです」と責任を持って言い得るようになったのもそのころのことです。

そういうところまで、ようやくたどり着いたサドベリー・バレー校の姿を、一般の人びとに広く知ってもらおうとして書かれたのが本書であるわけですが、そこにはグリーンバーグさんら創立スタッフたちの「遂に、ようやく、ここまで来た」という感慨も込められていたことでしょう。

SVSのダニエル・グリーンバーグさん、ハンナ夫人、あるいはミムジー・サドウスキーさんら創立メンバーは開校準備の段階から、それこそ「書きに書きまくって来た（And so we wrote. And wrote. And wrote.）」そうです。

学年もなく、教科もなく、固定されたクラスもなく、点数も序列もなく、成績というものもない、徹底してラジカルな学校を一から築き上げる以上、グリーンバーグさんたちには、自分たちの理念、経験、反省、試行錯誤のすべてを世に問うことが必要でした。だから、書きに書いてきたのです。

パンフレットやニュース・レターを出すだけでなく、学校に「出版会（https://bookstore.sudburyvalley.org/products）」をつくり出版活動を開校時から始めたのは、そのためです。

「SVSプレス」の出版点数は、CDブックを含め現在、六十五点を数えていますが、ドイツ語、フランス語、オランダ語、中国語など各国語に翻訳され、世界の教育関係者に広く読まれているのは、なんといっても今こうして日本語版としてもある本書の英文原書が果たした役割が大きいわけです。

この本が出て、その影響で米国内はもちろん、日本を含む世界各地で一気に関心が広がりました。SVSでは自分たちも開校したいという人たちの要望に応え、一九九四年から、夏休みワークショップを開き始めました。あらゆる情報、ノウハウ、注意点をまとめた「開校キット」も制作しました。これをモデルに「サドベリー・バレー型」の「参加型デモクラシーの学校」が続々と設立されるようになりました。

そうした新設校のなかには、元祖「サドベリー・バレー」の校名をとって、「◎◎サドベリー・バレー校」というところが圧倒的に多いのですが、「◎◎デモクラティック・スクール」と言っているところもあります。

どう名乗ろうと、開校する人たちの自由であり、そのグループの主体性にもとづくものです。モデルはあくまでモデル。どういう学校になるかは、そこのこどもたちと父母、スタッフたち次第です。

SVSの五十年の歩みを一言で言えば、どうなるか？

グリーンバーグさんは私に贈ってくれた、二〇一八年に出たばかりの半世紀を決算する自伝的な新著、*Constructing Reality: The Most Creative of All the Arts*（『現実を築く　すべてのアートのなかで最もクリエイティヴなもの』）の扉に、「この半世紀はこどもたちが自分たちの力で闘い取ったものであり、この本は事実上、こどもたちによって書かれたものです」と、添え書きしてくれました。

私はボールペンでのこの添え書きを読み返して、サドベリー・バレー校でもスタッフや父母の側の思い込みが、こどもたちによって正される場面が何度もあったのに違いないと思いました。

さきほどふれた、SVSのホームページにある「これまでの歩み」には、開校直前の「仕切り直し」のことが書かれています。一九六〇年代終わりの当時は教育改革を願う熱心な人がいて、自分の得意分野をボランティアで教えたいという善意の申し出が、グリーンバーグさんら創立メンバーのもとにも殺到したそうです。

それだけ多彩な「教え」が展開するわけですから当然、歓迎すべき事態です。そこで、受講を希望する入学予定者との対面の場まで設けたそうですが、結局うまくいかなかったそうです。

何よりも大事なことは、こどもたちの側の「学び」の都合であり、教える側の都合は二次的なものである、ということなのでしょう。誰かに教わるにしても、こどもたちの「学び」の延長に出てくるものでなければなりません。最初から、お仕着せでは、こどもたちが逃げて行ってしまいます。

私はまた、グリーンバーグさんのこの新著のタイトルのこの「表現」にも心動かされました。Constructing Reality（現実を築き上げる）――自分たちが生きるサドベリー・バレーの現実を、こどもたち自身が築いて来たのが、SVSの歴史だと言っているわけですから。

そういうこどもたちの学びこそ芸術《アート》の中の芸術であり、これくらい創造的《クリエイティヴ》なものはない、と言っているわけですから。

こういう場所であったればこそ、そこがこどもたちによって生きられた場所であったが故《ゆえ》に、SVSという現実の今があるわけです。

グリーンバーグさんはこの新著の最終章で、「こどもとは実際、言葉を生みだすアートを自分で覚え、自分の周りの他者の言葉との結びつき方を考え出し、そうして語りはじめ、コミュニケートしていくもの。成長するなかで、自分が知らないことがいっぱいあること、学ばなければならないことがたくさんあること、自分で工夫して知っていくべきことがいっぱいあることを、鋭敏に自覚するもの。絶えざる失敗、絶えざる不満、絶えざる障害と向き合いながら、それでも前進し、自分の世界観を作り替え、それを最大限有効に使っていくもの」であり、「そうした困難を乗り越える力を、こどもは『最も純粋な（purest）かたちで授けられているのです』」と、明快に指摘しています。

なるほど、こどもには最も純粋な学ぶ力が備わっているのですから、こどもの学びはこども自身に任せるのが一番です。そのプロセスを撓《たわ》めず、歪めず、殺さずに来たからこそ、サドベリー・バレー校は学校改革のモデルにもなり得たわけです。

グリーンバーグさんはこの最終章の題に、「そして、こどもが導《リード》いて行くことになるだろう（And A Child Shall Lead Them.）」との、『旧約聖書・イザヤ書』の言葉を引いていますが、その子が、それらのこどもたちこそが、これからの世界をリードし、新たな現実を築いて行くのです。

その意味で、そういうこどもたちが育つSVSとは、これからの世界の現実を築いて行く現場である、と言っても過言ではないような気がします。新しい現実の先駆けが、SVSというこども本位の文化《カルチャー》において先取り的に実現している、とも言えるかも知れません。

この最終章の終わりで、ということは本の結語として、グリーンバーグさんは、新しい時代をリードする「その子」たちを育てる「教育システム」を作り出すことで、わたしたち大人が受け取ることができる恩恵と祝福をいくつか挙げています。

「その子」たちを育てることで、わたしたち自身もかつてない生きる喜びなどに浸ることができるというのです。

グリーンバーグさんは「元気・歓喜・創造」と列記したあと、最後にこんな、少なくとも私には思いがけない言葉を挙げていました。

それは、inner calm――内なる静かさ、満たされた静かな思い、とでも訳すべき言葉です。

教育を司るわたしたち大人の側に、このような静安な悦びが今どれほどあるか、深く反省を迫られるメッセージでした。

今、私の机の上にはもう一冊、二年前、二〇一六年にグリーンバーグさんから贈られた、*A Place*

to Grow: The Culture of Sudbury Valley School（『育ちの場所　サドベリー・バレー校の文化』）という本があります。

その中ほどに、Sudbury Valley School: Peripatetic School for the 21st Century（「ＳＶＳ 二一世紀への逍遥学校《ペリパティティック》」）という章があり、本が航空便で届いた時、そこを見て驚きました。

私が深く考えもせず、グリーンバーグさんに「サドベリーは、こども期を逍遥する学校ですね」などとメールで書き送ったことに応答し、その意味を掘り下げてくれた文章でした。

逍遥する、とは友人と、あるいは独りで、自分の足で歩き見ることですが、もちろんここでは比喩的な意味でのこと。古代ギリシャの哲人、アリストテレスの学舎を想起させる「逍遥する学校」などと仰々しい言葉を使う代わりに、（これも比喩的な意味で）「旅する学校」とでも言った方がよかったかも知れません。いずれにせよ、ＳＶＳのこどもたちの、自分の関心に誘われ、世界に分け入っていく姿に感心し、そう表現して書き送ったのです。

そしたら、どうでしょう。グリーンバーグさんは「わたし自身のペリパティティックなマインドスケープ（my peripatetic mindscape　逍遥する心の風景）」というフレーズに特に反応し、その含意を縦横に語り、これこそＳＶＳのエッセンスであるとお書きになっているではありませんか。

こどもたちがお仕着せの世界から脱し、自分自身で自分の心の風景を切り拓き、そこに自分の生きるべき道筋を見つけ、歩き続けていく。

しばらく前であれば、こうしたサドベリー流の自由な学びのあり方こそ、日本を救うものであるなどと言ったものなら、教育関係の皆さんから早速、お叱りと反論を受けたものですが、管理主義、競争主義の画一教育が日本でも荒廃の臨界点を超えてしまった今、ＳＶＳモデルの学校の創設こそ、日本の希望であると言っても、真っ向から否定する声はあまり聞こえてこないような気がします。なにしろ文科省自体が不登校問題に手を挙げ、投げ槍《やり》になっているような状況なわけですから。

ダニエル・グリーンバーグさんは、ニューヨークにある名門大学、コロンビア大学の准教授（物理学・科学史、博士）のポストを投げ打ち、ハンナ夫人（生化学者）らとともに、こども本位の学校づくりに人生の全てを捧げて来た方です。八十四歳の高齢にかかわらず、今もＳＶＳのこどもたちと一緒です。

一九九九年春には夫人とともに講演のため来日してくれました。それ以来、日本にも「サドベリー・バレー」の種子が撒かれ、沖縄や兵庫、長野など各地にＳＶＳモデルの学びの場が出来上がっています。

そうした各地での実践をもとに、日本でもどうやらＳＶＳモデルの学校を正式の学校として、私立校、あるいは公立校として設立すべき時が来たようです。

Time has come.（「時は来た」）とはグリーンバーグさんの、ＳＶＳ開校五十年を前にした言明ですが、それはブッシュ政権（息子）以来、「コモン・コア」共通カリキュラムとテスト主義が教育をいっそう荒廃させた米国だけのものではなく、わたしたちの日本にもあてはまる希望の言葉です。

二〇一九年一月　　岩手・水沢で

訳者　大沼　安史

本書『世界一素敵な学校――サドベリー・バレー物語』をお読みになり、ＳＶＳに関心を持たれた方は、緑風出版から出ている次の三冊をお勧めします。いずれもダニエル・グリーンバーグさんの単著・共著です

・『自由な学びが見えてきた――サドベリー・レクチャーズ』

単著。創立三十周年を記念して創始者のダニエル・グリーンバーグ氏の連続講話をまとめたものです。サドベリー・バレー校の自由教育の歩みを回顧し、その基本理念を再検討して、「自由な学び」の本質を鮮明な視野で捉え返しています。また、徹底した自問自答によって「サドベリー教育」の本質、「ポスト産業社会」の教育の在り方を平易で透明な言葉使いで語っています。

http://www.ryokufu.com/isbn978-4-8461-0801-4n.html

・『自由な学びとは――サドベリーの教育哲学』

単著。サドベリー・バレー校での経験から生み出されたグリーンバーグさん教育理論の全結晶。物理学者であり科学史家でもあるグリーンバーグさんが古代ギリシャの自然哲学をはじめ歴史、言語、経済などさまざまな領域に分け入り、「自由な学び」を土台から理論的に再構築しています。上意下達のピラミッド型組織から、対等な水平組織へ。新たな「この時代」の、現実的な学校理論とし

て「自由とデモクラシーの教育哲学」を提起しています。

http://www.ryokufu.com/isbn978-4-8461-1001-7n.html

・『逆転の教育—理想の学びをデザインする』

共著。世界トップのビジネススクール、米国ペンシルバニア大学・ウォートン校のカリスマ経営学者、ラッセル・L・エイコフさんとグリーンバーグさんが、倒錯した現状を建て直し、学校、大学・大学院のあるべき姿を現実的かつ具体的にデザインした、起死回生、逆転と希望の青写真を示しています。

http://www.ryokufu.com/isbn978-4-8461-1605-7n.html

[著者紹介]

ダニエル・グリーンバーグ（Daniel Greenberg）

1934年生まれ。

米ニューヨーク・コロンビア大学で博士号（Ph.d. 理論物理学）を取得、そのまま同大学で物理学、科学史を教えたあと、1968年、マサチューセッツ州のフラミンガムの地に「サドベリー・バレー校」を創設。1999年春、サドベリー・バレー校の共同創設者であるハンナ夫人とともに初来日し、東京をはじめ各地で講演した。

著書は、本書の原著である Free at Last をはじめ、Kingdom of Childhood, A Clearer View, The Pursuit of Happiness, Legacy of Trust, Worlds in Creation, A New Look at Schools, Education in America, Starting a Sudbury School, Child Rearing など多数。各国語に訳されている。

ダニエル・グリーンバーグ氏が理論面・実践面において主導するサドベリー・バレー校をモデルにした学校づくりは、米国内はもとより、オーストラリア、ドイツ、オランダなど世界各地で進んでいる。

[訳者紹介]

大沼安史（おおぬま　やすし）

1949年、仙台市生まれ。

東北大法学部卒。北海道新聞に入社し、社会部記者、カイロ特派員、社会部デスク、論説委員を務めたあと、1995年に中途退社し、フリーのジャーナリストに。2009年3月まで、東京医療保健大学特任教授。

著書は、『世界が見た福島原発災害』1巻～6巻（以上、緑風出版）のほか、『教育に強制はいらない』（一光社）『緑の日の丸』『ＮＯＮＯと頑爺のレモン革命』（以上、本の森）『戦争の闇 情報の幻』（本の泉社）など。

訳書は、『諜報ビジネス最前線』（エイモン・ジャヴァーズ著、緑風出版）『自由な学びとは—サドベリーの教育哲学』（ダニエル・グリーンバーグ著、同）『自由な学びが見えてきた—サドベリーの教育哲学』（同、同）『逆転の教育—理想の学びをデザインする』（ラッセル・L・エイコフ／ダニエル・グリーンバーグ著　共訳、同）『イラク占領』（パトリック・コバーン著、同）『イスラム国の反乱—ＩＳＩＳと新スンニ革命』（同、同）『戦争の家　ペンタゴン』（ジェームズ・キャロル著、上下2巻、同）『地域通貨ルネサンス』（トーマス・グレコ著、本の泉社）など。

個人ブログ「机の上の空」で「フクシマ」情報などの発信を続けている。　http://onuma.cocolog-nifty.com/blog1/

世界一素敵《せかいいちすてき》な学校《がっこう》【改訂新版】
サドベリー・バレー物語

2006年4月10日　初版第1刷発行　定価2000円＋税
2014年4月10日　初版第6刷発行
2019年3月15日　改訂新版第1刷発行

著　者　ダニエル・グリーンバーグ
訳　者　大沼安史
発行者　高須次郎 ©
発行所　緑風出版

〒113-0033　東京都文京区本郷2-17-5　ツイン壱岐坂
［電話］03-3812-9420　［FAX］03-3812-7262
［E-mail］info@ryokufu.com
［郵便振替］00100-9-30776
［URL］http://www.ryokufu.com/

装　幀　斎藤あかね
制　作　R企画　印　刷　中央精版印刷・巣鴨美術印刷
製　本　中央精版印刷　用　紙　大宝紙業・中央精版印刷　E1000

ISBN978-4-8461-1905-8　C0037

イラク占領
戦争と抵抗

パトリック・コバーン著／大沼安史訳

四六判上製
三七六頁
2800円

イラクに米軍が侵攻して四年が経つ。しかし、イラクの現状は真に内戦状態にあり、人々は常に命の危険にさらされている。本書は、開戦前からイラクを見続けてきた国際的に著名なジャーナリストの現地レポートの集大成。

イスラム国の反乱
ISISと新スンニ革命

パトリック・コバーン著／大沼安史訳

四六判上製
二〇八頁
1800円

イラクとシリアの内戦から忽然と姿を現したISIS。無差別に殺傷を繰り返す彼らは何を目指して戦っているのか。本書はインディペンデント特派員として一九七九年から現地取材を続ける著者の最新緊急現地報告。

どんぐりの森から
原発のない世界を求めて

武藤類子著

四六判上製
二一二頁
1700円

3・11以後、福島で被曝しながら生きる人たちの一人である著者。彼女のあくまでも穏やかに紡いでゆく言葉は、多くの感動と反響を呼び起こしている。現在の困難に立ち向かっている多くの人の励ましとなれば幸いである。

終りのない惨劇
チェルノブイリの教訓から

ミシェル・フェルネクス／ソランジュ・フェルネクス／ロザリー・バーテル著／竹内雅文訳

四六判上製
二一六頁
2200円

チェルノブイリ原発事故による死者は、すでに数十万人だが、公式の死者数を急性被曝などの数十人しか認めない。IAEAやWHOがどのようにして死者数や健康被害を隠蔽しているのかを明らかにし、被害の実像に迫る。

原発は地球にやさしいか
温暖化防止に役立つというウソ

西尾漠著

A5判並製
一五二頁
1600円

原発は温暖化防止に役立つとか、地球に優しいエネルギーなどと宣伝されている。CO_2発生量は少ないというのが根拠だが、はたしてどうなのか？　これらの疑問に答え、原発が温暖化防止に役立つというウソを明らかにする。